BERLITZ®

COPENHAGUE

- Un ✓ dans la marge indique un site ou monument que nous vous recommandons tout particulièrement
- Berlitz-Info regroupe toutes les informations pratiques, classées de A à Z, à partir de la page 113
- Pour un repérage facile, des cartes claires et détaillées figurent sur la couverture et à l'intérieur de ce guide

Copyright © **1995** Éditions Berlitz SA, Berlitz House, Peterley Road, Oxford OX4 2TX, England.

Tous droits, en particulier de reproduction, de diffusion et de traduction, sont réservés. Sans autorisation écrite de l'éditeur, il est interdit de reproduire cet ouvrage, même partiellement, d'en faire des copies ou de le retransmettre par quelque moyen que ce soit, électronique ou mécanique (photocopie, microfilm, enregistrements sonore ou visuel, banque de données ou tout autre système de reproduction ou de transmission).

Marque Berlitz déposée auprès d'US Patent Office et dans d'autres pays – Marca Registrada.

Printed in Switzerland by Weber SA, Bienne.

10e édition (1995/1996)

Bien que l'exactitude des informations présentées dans ce guide ait été soigneusement vérifiée, elle n'en est pas moins subordonnée aux fluctuations temporelles. N'hésitez pas à nous faire part de vos corrections ou de vos suggestions en écrivant aux Éditions Berlitz, à l'adresse ci-dessus.

Texte:	Vernon Leonard
Adaptation française:	Isabelle et Olivier Fleuraud
Rédaction:	Isabelle et Olivier Fleuraud
Photographie:	Jon Davison
Maquette:	Suzanna Boyle
Cartographie:	Visual Image

Nous remercions *Wonderful Copenhagen* et l'Office national danois du tourisme pour leur collaboration lors de la préparation de ce guide.

Photos de couverture:	*Nyhavn, Copenhague*; (dos) *un canon danois*.
Photo p.4:	*Les jardins de Tivoli, Copenhague.*

SOMMAIRE

Copenhague et les Danois — 5

Un peu d'histoire — 8

Que voir — 20
Rädhuspladsen 20; la vieille ville et Strøget 24; Kongens Nytorv et le port 30; le quartier universitaire et les parcs 40; Christianshavn 45; les sites alentour 48; les musées 51; les excursions 61

Guide des hôtels et restaurants — 65

Que faire — 91
Vos achats 91; les loisirs 95; les sports 98; pour les enfants 102

Les plaisirs de la table — 104

Berlitz-Info — 113

Index — 140

En bref
Repères historiques 11; les hauts lieux 21; les musées 53

Cartographie
Hôtels 65; Berlitz-Info 113

Copenhague et les Danois

Malgré sa petite taille, le Danemark dispose d'un nombre considérable d'attractions. Des villages endormis plantés dans une campagne verdoyante, de superbes châteaux et de jolies maisons à colombage, de spectaculaires plages et une longue côte – il n'est donc pas étonnant que Hans Christian Andersen ait été tellement inspiré par sa terre natale.

Situé aux portes de la Scandinavie, le Danemark et ses voisins nordiques partagent un nombre important de caractéristiques: un système d'assurance sociale libéral ajouté à un niveau de vie élevé, et un gouvernement qui favorise le consensus et évite une bureaucratie pénible. Cependant, le Danemark est plus «européen» et accessible que le reste de la Scandinavie, et il en émane un attrait universel.

Ce pays est composé de 406 îles (au dernier recensement), dont 97 habitées. Le seul lien avec le continent est la péninsule du Jütland (Jylland) – un doigt pointé au nord de l'Allemagne – qui domine le pays par sa superficie sinon par son nombre d'habitants. La population du Danemark n'est pas la plus nombreuse de Scandinavie, mais la plus dense: 5 millions d'habitants, soit 112 au km^2 (la Suède voisine devant se contenter de 18).

Trois glaciations ont modelé le paysage doucement vallonné; les Danois l'ont peu à peu transformé en une succession d'exploitations modèles où les granges et les habitations paraissent toujours fraîchement repeintes. Les routes longent prairies et champs de blé, tandis que les clochers pointus des blanches églises médiévales signalent les villages. Pas de pics enneigés: le plus haut sommet du pays, le Yding Skovhøj, culmine à 170m.

Les Danois sont exubérants et ouverts, mais toute ressemblance avec leurs ancêtres vikings s'arrête là; en effet, les Danois sont les hôtes les plus chaleureux et accueillants qui soient. Recevoir des amis chez

Les habitants de Copenhague ont tous le regard tourné vers cet au-delà qu'est la mer.

soi pour un repas somptueux, dans de beaux meubles, est un idéal de la vie danoise.

La bonne chère est presque une obsession nationale. Vous serez fasciné par les étalages de sandwichs (*smørrebrød*), par les incroyables pâtisseries (*wienerbrød*), parmi les meilleures du monde, et par le large éventail de fromages, de salades composées et de poissons frais proposé par les traiteurs, aussi agréable à regarder que délicieux à déguster.

Pour vos achats, pensez aux étains, à l'argenterie ou à la porcelaine, qui sont fabriqués dans le pays. Les Danois sont maîtres dans l'art d'allier au plus haut point, dans les objets usuels comme dans leurs merveilleux jouets, le fonctionnel et l'esthétique.

Centre gouvernemental, financier et administratif du Danemark, Copenhague est une capitale et une cité vivante qui accueille presque un tiers des cinq millions d'habitants de la nation. Elle est également fière d'abriter la plus ancienne dynastie royale d'Europe, avec à sa tête la reine Marguerite II et son mari, d'origine française, le prince Henri.

De grandes autoroutes traversent la capitale moderne. Mais la vieille ville de Copenhague est bien préservée, avec ses rues pavées sinueuses, ses demeures aux ornements de stuc, ses boutiques de curiosités et son réseau de canaux. Une atmosphère de contes de fées émane des toits et des

Copenhague et les Danois

dômes de cuivre verdi datant du XVIIe siècle, ensemble que le Danemark doit au roi bâtisseur Christian IV.

Joyau de cette cité de plaisir et d'imagination, l'incomparable Tivoli, en plein centre de la ville, est plus qu'une fête foraine, plus qu'un parc: c'est une institution chère aux habitants de Copenhague.

L'imagination et la couleur règnent partout à Copenhague. Les postiers en veste rouge vif circulent sur des vélos jaunes. Les ramoneurs portent un chapeau haut-de-forme noir dans lequel ils peuvent mettre leur *smørrebrød* du déjeuner. De petits drapeaux danois rouge et blanc flottent joyeusement à l'avant des autobus.

Bien avant que Danny Kaye ne le chante, Copenhague était renommée pour être «merveilleuse, merveilleuse» – une cité propre, verte, respirant la gaîté, la culture et le charme, avec une tradition de tolérance et d'humour. Si H. C. Andersen y revenait aujourd'hui, il s'y sentirait toujours chez lui.

Un peu d'histoire

Longtemps avant que les Vikings aient engendré cette extraordinaire nation de marins, le Danemark était habité par un peuple de chasseurs. La préhistoire y a laissé de nombreuses traces de toutes sortes, certaines antérieures à 50 000 ans avant J-C. Vous pourrez admirer, dans les nombreux musées de Copenhague et dans la campagne, des pointes de flèches ou des couteaux merveilleusement ouvragés datant de l'âge de pierre, des instruments de musique, parmi lesquels plus de 30 *lurs* danois – dont la sonorité grave contraste avec la silhouette élégante – et les plus anciens costumes d'Europe.

L'époque viking

Les premiers écrits concernant les Vikings apparurent vers 800 av. J-C, époque à laquelle les raids vikings sur les pays avoisinants devaient devenir célèbres. Au sommet de leur puissance, ces intrépides guerriers firent des incursions en Angleterre, en Hollande, en France, en Espagne, en Méditerranée; ils se rendirent même en mer Caspienne, puis ils naviguèrent jusqu'à Terre-Neuve et doublèrent le cap Nord. Ils s'attardèrent en particulier sur

Holger le Danois

Holger était un Viking qui vécut au début du IXe siècle. Il voyagea à l'étranger et revint au Danemark pour combattre des ennemis de son pays. Depuis lors, la légende dit qu'il n'est pas mort, mais qu'il dort et se réveille quand le Danemark est menacé. Au cours de la Seconde Guerre mondiale, des résistants prirent son nom: Holger Danske. Une célèbre statue de Holger orne le château de Kronborg à Helsingør (voir p. 84).

les rives de la Manche, remontant la Seine pour tenter de s'emparer de Paris. En 911, le roi Charles le Simple octroya à leur chef Rollon les vastes domaines qui constituent aujourd'hui la Normandie. On peut voir de très beaux spécimens des bateaux vikings au musée des Bateaux vikings de Roskilde (voir p.88), et les fouilles de Trelleborg, en Seeland occidentale, ont mis à jour un camp capable de recevoir plus de 1300 guerriers.

Les raids vikings menés à l'encontre de l'Angleterre se firent de plus en plus violents à la fin du Xe et au début du XIe siècle. Knud (Canut ou Knut) le Grand, après s'être heurté à une résistance acharnée, devint roi d'Angleterre en 1016. L'union dura jusqu'en 1042.

Un bénédictin avait introduit le christianisme au Danemark en 826, et c'est en 961 que Poppo, un autre moine, saisissant dans ses mains nues un fer rougi au feu, obtint la conversion du roi Harald à la Dent Bleue. Ce dernier érigea une pierre runique à Jelling, en Jütland oriental, pour commémorer le fait qu'il «avait soumis tout le Danemark et la Norvège et converti les Danois au christianisme».

L'époque médiévale

En 1157, Valdemar Ier, dit le Grand, monta sur le trône. Sa fructueuse collaboration avec Absalon, évêque de Roskilde, fut vitale pour un petit village de pêcheurs dénommé Havn. Avec son port sur le Sund (*Øresund* en danois) – bras de mer entre le Danemark et la Suède qui mène à la Baltique et qui allait devenir l'une des grandes routes commerciales

Un peu d'histoire

de l'Europe médiévale –, ce village était désormais promis à un brillant avenir.

Homme d'État, guerrier et évêque, Absalon fortifia Havn en 1167 en construisant un château sur la petite île portuaire de Slotsholmen; c'est de cette époque que date la ville moderne qui prit en 1170, le nom de Køpmanæhafn (port de marchands), puis celui de København. Slotsholmen est, de nos jours, au cœur de la ville. Le majestueux parlement de Christiansborg est construit sur cet emplacement, mais certains vestiges des fortifications d'Absalon subsistent toujours dans les caves (voir p.51).

Au XIIe siècle, au cours des règnes successifs d'un certain nombre de rois, le Danemark s'étendit dans toutes les directions. Il devait le payer cher aux XIIIe et XIVe siècles, car s'étant immiscé au sein des gouvernements des duchés du Slesvig et du Holstein – la dispute au sujet de ces deux provinces frontalières fit rage jusqu'au XXe siècle –, il avait entravé la croissance commerciale des ports hanséatiques de l'Allemagne du Nord. Les Allemands pénétrèrent dans le Jütland. L'aristocratie danoise saisit cette occasion pour limiter la puissance du monarque et, en 1282, le roi Erik V fut contraint de signer la Grande Charte, selon laquelle il s'engageait à faire participer la noblesse au gouvernement en convoquant la «Cour danoise» (*Danmarks Riges Råd*), c'est-à-dire l'assemblée détentrice du pouvoir législatif.

Mais Valdemar IV Atterdag (qui régna de 1340 à 1375) – peut-être le plus grand des rois médiévaux danois – rouvrit au pays la voie des conquêtes et des anciens conflits avec ses voisins nordiques, une situation qui se prolongea par intermittence pendant des siècles.

L'emprise du Danemark fut renforcée quand la fille de Valdemar, Marguerite, épousa le roi de Norvège et de Suède, Haakon VI. À la mort de ce dernier, Marguerite réussit, par l'Union de Kalmar (1397), à unifier les trois puissances nordiques sous Erik VII de Poméranie, son neveu. Puis Marguerite régna en son nom.

REPÈRES HISTORIQUES

Av. J-C

50 000   Premières traces d'habitation au Danemark.

Apr. J-C

800   Premiers documents écrits sur les Vikings.

961   Le christianisme devient la religion officielle danoise avec le baptême du roi Harald à la Dent Bleue.

1016   Canut (Knud) le Grand devient roi d'Angleterre.

1167   L'évêque Absalon fortifie Havn, posant ainsi les fondations de la ville moderne de Copenhague.

1282   La Grande Charte limite le pouvoir du roi.

1340   Valdemar IV accède au trône et renforce le pays grâce à une succession de conquêtes.

1397   Le traité de Kalmar unit le Danemark, la Norvège et la Suède sous Erik VII de Poméranie.

1479   Christian Ier fonde l'université de Copenhague, faisant de la ville la capitale culturelle et politique du pays.

1596   Christian IV, le «Grand Bâtisseur», devient roi et gouverne pendant une longue période d'expansion.

1660   Frédéric III se proclame monarque absolu; Copenhague devient une ville libre.

1728, 95   Deux incendies importants dévastent la ville.

1801   La flotte danoise est détruite par l'amiral Nelson.

1901   Élection du premier gouvernement démocratique.

1914-18   Première Guerre mondiale – le Danemark reste neutre.

1940   Le Danemark est envahi par Hitler, mais la Résistance s'active, préparant la reconstruction d'après-guerre.

1949   Le pays entre à l'OTAN et abandonne sa neutralité.

1972   Le Danemark entre dans la CEE.

1992   Au cours d'un référendum, 50% des Danois rejettent le traité de Maastricht sur l'union politique et monétaire.

Des châteaux et des éléphants ornent ce vitrail de la chapelle de Frederiksborg.

était de nouveau sous contrôle danois, et l'on fit construire un château à Helsingør (l'Elseneur d'*Hamlet*) pour assurer le paiement des passages sur le Sund. Le contrôle de ce point stratégique au carrefour des mers septentrionales était vital pour le Danemark. Tous les bateaux qui empruntaient ce détroit large de 4km situé entre Helsingør, en Seeland, et Helsingborg, en Suède, (que les ferries traversent des dizaines de fois par jour aujourd'hui) devaient payer des droits. Le Danemark était alors en position de force.

Cependant, au sommet de sa puissance, elle fut victime de la peste en 1412.

Pendant le véritable règne d'Erik VII (1412-39), Copenhague s'agrandit; elle devint la capitale officielle sous Christophe III de Bavière, dans les années 1440, puis capitale culturelle lorsque Christian Ier y fonda une université, en 1479. La ville comptait alors 10 000 habitants. Le Slesvig-Holstein

Les forêts avaient été essartées, et partout se créaient de nouvelles villes et de nouveaux villages; on était alors à l'aube de 200 ans de guerre civile contre les nobles, de pénétration de la doctrine luthérienne et de nouvelles guerres contre la Suède.

Un peu d'histoire

La réforme

Grâce à la diffusion des idées au XVIe siècle, le profond mécontentement provoqué par les abus de l'Église catholique fut mis à jour. Au Danemark, les évêques utilisaient leurs richesses à des fins politiques et militaires. La réforme triompha avec Christian III, qui régna de 1534 à 1559. Celui-ci se proclama autorité suprême d'une Église fondée sur ce luthéranisme qui avait gagné le Danemark à partir de l'Allemagne. Les évêques restèrent prisonniers jusqu'à ce qu'ils donnent leur «consentement», et leurs biens furent utilisés pour payer des dettes royales et former des pasteurs.

Dans le même temps, les guerres contre la Suède tournaient au désastre. Au cours de la seconde moitié du XVIIe siècle, le Danemark dut abandonner ses dernières possessions suédoises et céder la rive orientale du Sund à la Suède. Une frontière vint donc séparer les deux rives de ce détroit d'une importance cruciale, désormais contrôlé conjointement par les deux puissances scandinaves.

Tandis que le pays pansait ses plaies, Copenhague avait deux raison de se réjouir. Premièrement, en récompense de son courage pendant deux années de siège suédois, elle fut déclarée ville libre en 1660 – ce qui équivalait à accorder à tous ses habitants les mêmes privilèges qu'aux nobles. Deuxièmement, au début du XVIIe siècle, Christian IV l'avait rebâtie et en avait fait un centre culturel. Celui que l'on surnomme le «Grand Bâtisseur» doubla la superficie de la ville en créant Christianshavn sur l'île d'Amager (un réseau de petits canaux, d'entrepôts et de maisons assez semblable à celui d'Amsterdam) et un nouveau quartier résidentiel (Nyboder) situé au nord-ouest de Kongens Nytorv, dont subsiste l'enfilade des maisons jaunes de marins. C'est à lui que l'on doit aussi les toits de cuivre verdi qui rendent Copenhague si photogénique de nos jours – citons ceux de la Bourse, de la Tour ronde et du magnifique château de Rosenborg.

Un peu d'histoire

La monarchie absolue

À la suite de la défaite contre la Suède, le Danemark était ruiné et dévasté. Les soulèvements politiques et sociaux devinrent inévitables.

En 1660, le roi Frédéric III tira profit de cette situation désastreuse. Suivant l'humeur de l'époque, il se fit proclamer monarque absolu, évinçant par conséquent les nobles de la «Cour danoise» et du pouvoir dont ils avaient joui presque continuellement depuis 1282. Cependant, le règne de Frédéric fut marqué par une période d'unité nationale reposant sur la bureaucratie centralisée, à la fois étroitement contrôlée et bien organisée.

Les premiers monarques absolus se lancèrent à nouveau dans différentes guerres coûteuses – principalement contre la Suède. La peste ravagea Copenhague entre 1711 et 1712 et tua quelque 22 000 personnes (presque un tiers des habitants). La ville fut par ailleurs dévastée par deux incendies, en 1728 et en 1795, et dut être en grande partie reconstruite.

Malgré ces points noirs, le XVIIIe siècle fut éclairé par de grands progrès sociaux: le servage fut aboli en 1788 (un monument de la Liberté commémore cet épisode sur Vesterbrogade, en face de la gare centrale); les paysans, libérés de leurs suzerains et de la contrainte du «domicile forcé», furent autorisés à cultiver leurs propres terres. S'éloignant de la grande ferme centrale, ils purent établir leurs propres domaines et petites propriétés dans les champs environnants. C'est de cette époque que date l'aspect de la campagne danoise – parsemée de fermes – et bon nombre de structures du Danemark moderne.

Napoléon et le XIXe siècle

Bien malgré lui, le Danemark se trouva alors entraîné dans les remous des guerres révolutionnaires de la fin du XVIIIe siècle. En maintenant sa participation à la Ligue des Neutres avec la Russie, la Suède et la Prusse, pour résister à la toute-puissance britannique sur les

Sur ce tableau exécuté au XIXe siècle par Carl Neumann, les flottes alliées danoise et française sont accueillies par des tirs de canons.

mers, le Danemark s'attira en 1801 la colère de l'Angleterre. Cette dernière envoya en rade de Copenhague une flotte sous les ordres des amiraux Nelson et Parker. L'histoire raconte que l'amiral Nelson aurait porté la longue-vue à son œil droit – qui était aveugle – pour pouvoir continuer de livrer la bataille tout en prétendant ne pas avoir vu les signaux demandant le cessez-le-feu.

Craignant que Napoléon ne s'empare de la flotte dano-norvégienne, l'Angleterre exigea ensuite sa reddition *sine die*. Sur le refus des Danois, Copenhague subit un long blocus (en 1807) et fut bombardée trois jours durant par la marine anglaise. Alors le Danemark dut se résoudre à abandonner le reste de sa flotte aux Britanniques avant se s'engager contre son gré dans une alliance

Un peu d'histoire

avec Napoléon, qui brûlait les étapes au Jütland.

Après la chute de Napoléon, le Danemark se trouva donc totalement isolé. La Norvège – où s'affirmait déjà un important mouvement séparatiste – fut abandonnée à la Suède en 1814 en paiement de dettes de guerre du Danemark, à nouveau ruiné. De ses territoires d'outre-mer, il ne resta plus au Danemark que le Groenland, l'Islande, les îles Féroé et les îles Vierges des Caraïbes.

Cinquante ans plus tard, le pays devait perdre les duchés du Slesvig et du Holstein – un tiers de son territoire métropolitain et les deux cinquièmes de sa population – au profit de la Prusse de Bismark. Dans le sillage des remous encouragés par la révolution française de 1848, Frédéric VII dut renoncer au pouvoir absolu pour remettre le gouvernement au parti libéral national.

Une constitution libérale fut élaborée et l'«âge d'or» danois débuta. Précurseur de l'existentialisme, le célèbre Søren Kierkegaard sortit la philosophie et le christianisme de leur torpeur. Bertel Thorvaldsen, le plus grand sculpteur du Danemark, revint d'Italie et dota Copenhague d'un nombre important d'œuvres monumentales. Hans Christian Andersen parcourait les rues et lisait ses

Vestige du pouvoir: un canon soigneusement conservé est exposé dans le parc de Tivoli.

contes à des groupes d'admirateurs. Sa renommée s'étendit bientôt au monde entier.

Dans la ville, on démolit les vieux remparts qui firent place à des voies ferrées, des usines et des quartiers ouvriers; ainsi, à la fin du XIXe siècle, Copenhague était devenue une ville industrielle prospère. Le premier système d'assurance sociale vit alors le jour.

La campagne bougeait elle aussi: N. F. S. Grundtvig, éducateur éminent, avait organisé en 1844 des cours populaires pour adultes avec pour objectif l'amélioration du sort des paysans, et les premières ébauches de coopératives virent le jour.

Le XXe siècle

L'année 1901 est une date importante dans l'histoire constitutionnelle du Danemark: cette année-là, un gouvernement fut formé avec la seule majorité de la chambre basse du Parlement (*Folketinget*). Non seulement les couches populaires gagnèrent les zones urbaines, mais elles prirent part au combat politique. En 1915, l'union des libéraux-démocrates avec les sociaux-démocrates et avec les radicaux-libéraux parvint à imposer l'abolition des privilèges électoraux de la chambre haute (*Landstinget*) et introduisit un système de représentation proportionnelle dans les deux chambres. Les femmes et les domestiques se virent enfin accorder le droit de vote.

La nouvelle nation danoise eut beaucoup de mal à maintenir sa neutralité pendant la Première Guerre mondiale. La paix revenue, au cours d'un plébiscite houleux, le nord du Slesvig opta pour son rattachement au Danemark, et les frontières actuelles de l'État furent tracées.

L'agitation dans l'industrie et la grave dépression économique de l'entre-deux-guerres n'arrêtèrent pas les progrès au Danemark. En sciences, Niels Bohr, physicien de l'université de Copenhague, apporta une contribution capitale aux recherches sur l'atome. En architecture, Arne Jacobsen fut lauréat d'un concours en 1929, pour sa «maison du futur» circulaire, qui suivait la rotation

Un peu d'histoire

du soleil et permettait à un avion d'atterrir sur son toit. La création industrielle – coutellerie, meubles, verrerie, étains, argenterie et textiles – fit du «design» danois un synonyme d'articles de bonne qualité, esthétiques et fonctionnels.

Lorsque la Seconde Guerre mondiale éclata, tous les pays scandinaves se proclamèrent neutres; cependant, le 9 avril 1940, le Danemark fut envahi et capitula après un combat de pure forme.

Isolée, l'économie danoise dut s'adapter au marché allemand, et le pays n'eut d'autre choix que de montrer un minimum de complaisance envers l'occupant. Toutefois, les sentiments antinazis de la majorité de la population danoise s'exprimèrent par un accueil glacial tout d'abord, puis par un véritable mouvement de résistance. Les Danois parvinrent à faire s'échapper vers la Suède 7000 des 7500 juifs vivant dans le pays.

Christian X, qui régna pendant la guerre, devint un héros populaire en effectuant sa promenade quotidienne à cheval parmi la foule. En 1943, le roi se retira – il ne pouvait plus se soumettre aux exigences allemandes sans déplaire à la population –, puis les ministres assurèrent la direction du pays. Cependant, la Résistance était si bien organisée et avait la situation si bien en main qu'à la fin de la guerre le Danemark était membre à part entière des forces alliées.

C'est alors que commença la reconstruction de la société danoise, qui a abouti à la société moderne actuelle – une des tentatives les plus réussies d'État social –, avec un des niveaux de vie les plus élevés du monde occidental.

Sur le plan de la politique, le Danemark renonça à sa neutralité lorsqu'il décida d'entrer dans l'OTAN, en 1949. Sur le plan économique, le pays fut un des membres fondateurs de l'AELE (Association européenne de libre-échange) et adhéra à la Communauté économique européenne en 1972 – au même moment que la Grande-Bretagne et l'Irlande. Après la guerre, il participa aussi au renouveau de l'unité

Un peu d'histoire

scandinave en se joignant au Conseil nordique et au Conseil des ministres nordiques.

De nos jours, le Danemark est devenu l'un des pays les plus prospères d'Europe; ses 5 millions d'habitants jouissent d'un niveau de vie très élevé. Son adhésion au mécanisme du taux de change européen lui assure une économie qui continue de se fortifier. Le pays a peut-être eu son plus grand impact sur l'Union européenne lors du référendum de 1992, lorsque la moitié de la population s'est prononcée contre la ratification du traité de Maastricht (visant à poser les fondements de l'union politique et économique européenne). Le Danemark étend son influence bien au-delà de ses frontières, ce qui laisse entrevoir l'importance de son rôle futur au sein d'une Europe unie.

Une chambre du Parlement danois; ses membres y sont élus à la proportionnelle.

Que voir

Vous n'aurez pas de difficulté à trouver votre chemin dans Copenhague, ville remarquablement adaptée aux piétons. La plupart des sites importants se situent au centre de la ville, au sein des remparts médiévaux, et les nombreuses rues piétonnes transforment l'exploration pédestre en véritable plaisir. L'abondance de parcs et jardins offre d'agréables retraites pour se reposer, tandis que le réseau de canaux propose un vaste choix de balades au bord de – ou sur – l'eau.

Rådhuspladsen

Chaque ville possède un endroit privilégié, un «cœur». À Copenhague, c'est sans aucun doute Rådhuspladsen (la place de l'Hôtel de ville). La plupart des circuits, tels ceux que nous proposons, débutent à Rådhuspladsen. C'est également d'ici que partent tous les bus et cars vers la ville, la campagne, les châteaux et les plages.

Tournez le dos à l'hôtel de ville en brique rouge (Rådhuset) sur la grande place pavée, et regardez les Danois s'affairer. Vous dégusterez votre premier hot-dog (pølsevogn) ici, à l'un de ces étals où les délicieuses saucisses danoises sont présentées sous des formes variées. Tivoli, parc d'attractions unique au monde, est situé sur votre gauche, au-delà des huit files de circulation que comporte le boulevard HC Andersen, où vous remarquerez tout de suite l'une des caractéristiques essentielles de la vie des Danois: la bicyclette. Aux heures de pointe, on croirait qu'il y en a des millions.

La rue piétonnière la plus célèbre de la ville se trouve à votre droite. Nommée Strøget (prononcez «stroï-ette»), cette rue serpente sur 1km jusqu'à une autre place, Kongens Nytorv, et change plusieurs fois de nom en chemin sans jamais toutefois s'appeler officiellement Strøget. Bon nombre de rues adjacentes sont également piétonnières, et vous pourrez y faire toutes vos courses sans voir une seule voiture.

LES HAUTS LIEUX DE COPENHAGUE

(Voir aussi LES PRINCIPAUX MUSÉES, p.53)

Palais Amalienborg. *Amalienborg Slotsplads*. Quatre élégants palais de style rococo abritent la famille royale danoise depuis les années 1750; la relève de la garde a lieu à midi. Le palais est fermé au public, mais un musée, dans le palais du roi Christian VIII, donne une idée de la vie royale à la fin du XIXe siècle. (Voir p.34)

Christiansborg Slot. *Christiansborg Slotsplads*. Le château fut construit sur l'édifice d'origine de l'évêque Absalon (XIIe siècle) et abrite un ensemble de musées ainsi que des ministères et le Parlement danois (*Folketing*). *Salons d'apparat royaux*: visites guidées de juin à août, du mardi au dimanche à 11h, 13h et 15h; de septembre à mai, du mardi au dimanche à 11h et 15h; adultes 27 kr, enfants 10 kr, gratuit avec la «carte Copenhague». (Voir p.26)

Den Lille Havfrue. *Langelinie*. Sculpture en bronze d'Edvard Eriksen représentant la Petite Sirène, mélancolique personnage d'Andersen – la statue la plus célèbre de Copenhague. (Voir p.36)

Rosenborg Slot. *Øster Voldgade 4A*. L'élégant palais de style Renaissance néerlandaise de Christian IV abrite des expositions retraçant 500 ans de royauté. Points forts: joyaux de la Couronne et grand hall; d'avril à mai et de septembre au 23 oct., tous les jours de 11h à 15h; de juin à août, tous les jours de 10h à 16h; adultes 35 kr, enfants 5 kr, gratuit avec la «carte Copenhague». (Voir p.45)

Rundetårn. *Købmagergade*. Cet observatoire bâti en 1642 par Christian IV est l'un des endroits les plus connus de Copenhague; accès au sommet de la tour par une spirale de 209m. *Tour*: septembre, avril et mai, du lundi au samedi, de 10h à 17h, dimanche de midi à 16h; de juin à août, du lundi au samedi de 10h à 20h, dimanche de midi à 20h; *observatoire*: du 1er octobre à mars, mardi et mercredi de 19h à 22h; adultes 12 kr, enfants 5 kr. (Voir p.43)

Tivoli. *Vesterbrogade 3*. Ouvert en 1843, ce parc de loisirs rétro, situé au cœur de la ville, attire toujours les foules. Tous les jours de fin avril à mi-septembre; adultes 38 kr, enfants 19 kr. (Voir p.42)

Que voir

Sur la grande place Rådhuspladsen, les nombreuses statues attireront votre attention – il y en a plusieurs centaines disséminées dans tout Copenhague. À l'ouest de la place, l'impressionnante **fontaine du Taureau et du Dragon**, datant de 1923, en cuivre, représente ces deux animaux se livrant combat dans l'eau. Quelques mètres plus loin, à l'entrée du boulevard qui porte son nom, une statue en bronze représente l'enfant chéri du Danemark: l'auteur Hans Christian Andersen. À votre gauche, sur Vesterbrogade, au milieu de la grande artère près de la gare centrale, vous apercevrez une troisième statue: le monument de la Liberté, sorte d'obélisque qui fut construit entre 1792 et 1797 pour commémorer l'abolition du servage en 1788.

Puis, à votre droite, sur Vester Voldgade, se trouve la **statue des Joueurs de Lur**, qui

*L*a statue de l'écrivain Hans Christian Andersen (ci-dessus); vue sur la ville (à droite).

Rådhuspladsen

fait sourire les Danois. La légende raconte que les deux hommes joueront de leurs instruments le jour où une vierge passera près d'eux – ils attendent là depuis 1914 et gardent un silence déconcertant…

L'**hôtel de ville** fut construit entre 1892 et 1905. Sa porte principale est surmontée d'une effigie, en cuivre doré à l'or 22 carats, de l'évêque Absalon – le père fondateur de la ville (voir p.9). Sur le toit de l'édifice, six statues de gardes en bronze évoquent chacune une période différente de l'histoire de Copenhague.

L'hôtel de ville constitue un harmonieux patchwork d'influences et de styles divers. Vous serez impressionné par le hall d'entrée et la salle du banquet avec leurs statues et leurs blasons, surtout si vous surplombez le hall (long de 44m) depuis la galerie à colonnes du premier étage.

Il n'est possible de visiter l'hôtel de ville qu'accompagné d'un guide. Cette visite commence toutes les heures, et

Que voir

toutes les demi-heures pour découvrir l'**horloge astronomique** de Jens Olsen. Consultez le panneau d'information pour les visites prévues.

Par une journée venteuse, vous sentirez l'air revigorant venu de la Baltique au-delà du port. L'hôtel de ville se trouvait autrefois sur la côte; jadis, à cet endroit, les vagues vous auraient mouillé les pieds.

Nous avons divisé les visites en quatre itinéraires. Ces parcours seront faciles à effectuer à pied à l'aide de la carte qui se trouve à l'intérieur de la couverture de ce guide.

Promenade n° 1

Ce premier circuit comprend certains des plus beaux sites et la zone piétonne de Strøget.

LA VIEILLE VILLE ET STRØGET

Empruntez le passage clouté entre Rådhuspladsen et Vester Voldgade et dirigez-vous vers la statue des Joueurs de Lur, puis prenez la première petite rue à votre gauche: Lavendelstræde. Vous y découvrirez des maisons et des boutiques danoises typiques datant de 1796 – année qui suivit le deuxième grand incendie de la ville – et la silhouette massive du quatrième hôtel de ville de Copenhague, construit entre 1805 et 1815, et siège de l'actuel palais de justice.

La maison à l'angle de Hestemøllestræde appartenait à la veuve de Mozart et à son second mari, diplomate danois. Au prochain croisement, dans Gåsegade, on trouve des maisons à pignons; leurs palans du XVIIIe siècle servent encore à hisser les meubles aux étages.

Au bout de Gåsegade, vous découvrirez une délicieuse petite **place**, Vandkunsten («jeux d'eau»). Vous y trouverez une fontaine pour vous rafraîchir. C'est là que furent installés les premières canalisations d'eau de Copenhague.

Empruntez Magstræde pour remonter le temps. Aux nᵒˢ 17 et 19, admirez deux des plus vieilles maisons de la ville, datant d'environ 1640. En face, se trouve un centre de jeunes des plus modernes, **Huset** («la maison»). Il abrite un club de jazz et un cinéma, un club de musique folk, un théâtre et des bars. Huset dispose également de brochures pour les jeunes touristes, dans lesquelles on vous indique même comment ne pas avoir d'ennuis et comment vous en sortir dans le cas où vous en auriez – l'entrée est au Rådhusstræde 13.

Droit devant vous, passez quelques cours pittoresques et voici **Gammel Strand** («ancienne rive»). C'était autrefois la limite de la ville, et, au-delà du canal actuel, vous découvrirez le merveilleux Christiansborg aux toits verts – cet ancien palais royal abrite actuellement le Parlement –, édifié sur une petite île.

*A*ux heures de pointe, seuls les Joueurs de Lur *restent imperturbables autour de Rådhuspladsen.*

C'est le moment de sortir votre appareil photo. Gammel Strand a l'allure des fronts de mer d'antan. À droite, sur Frederiksholms Kanal, vous trouverez l'entrée voûtée du vaste **Nationalmuseet** (voir p.56).

Que voir

Juste en face se dresse un monument qui n'a rien de danois; ce bâtiment carré à arcades, de couleur ocre-jaune, qui ressemble à un mausolée, est en effet dédié au plus grand sculpteur du Danemark, Bertel Thorvaldsen. Construit entre 1839 et 1848, décoré d'une frise qui illustre le retour triomphal de l'artiste à Copenhague après son long séjour à Rome, le **musée Thorvaldsen** renferme de très nombreuses sculptures et statues.

Gammel Strand est l'un des deux points de départ importants des excursions sur les canaux, l'autre étant à Nyhavn (voir p.33).

Quelques mètres plus loin, près de Højbro Plads, s'élève la statue de la *Fiskerkone* (la *Poissonnière*) portant foulard, châle et tablier, tenant un poisson dans ses mains. Érigée en 1940, elle ressemble étrangement aux marchandes de poissons qui, les matins du mardi au vendredi, viennent s'installer à ses côtés.

Tout près se dresse la belle **statue équestre de l'évêque Absalon**. Le prêtre-soldat en cotte de mailles tient à la main une hache. L'œuvre de cuivre verdi se détache, imposante, sur un fond de toits rouges à pignons, devant la flèche de la Skt Nikolaj Kirke (église Saint-Nicolas), aménagée en café, restaurant et galerie.

Traversez Højbro et pénétrez sur la Christiansborg Slotsplads où se trouve l'entrée du château de **Christiansborg**, et regardez sur votre gauche, par-delà le pont. L'originale sculpture sous-marine, intitulée «La sirène avec sept fils», est joliment éclairée la nuit.

Depuis qu'Absalon fortifia l'île en 1167, Christiansborg est le sixième château ou palais construit sur cet emplacement; les pillages, les incendies et la frénésie des bâtisseurs ont marqué ce site. Le troisième château devint en 1417 siège permanent du gouvernement et résidence royale. L'édifice actuel ne date que du début de ce siècle et fut conçu par Thorvald Jørgensen – lauréat d'un concours d'architecture. Le 15 novembre 1907, Frédéric VIII posa la première pierre, vestige de la forteresse

La vieille ville et Strøget

de granit d'Absalon. Par-dessus, on éleva un large socle fait de 7500 galets offerts par 750 communes danoises, et la façade fut ornée de plaques de granit. En levant les yeux, vous verrez les 57 effigies de granit des plus grands hommes du Danemark. Recouvert de cuivre en 1937-39, le toit monumental de Christiansborg se détache à l'horizon.

La chapelle de Christiansborg, le musée du théâtre, les écuries, le manège et le beau **pont de marbre** restauré, qui échappèrent aux flammes en 1794 et en 1884, donnent un aspect vénérable inattendu à cet édifice aussi récent.

La visite de l'intérieur du palais pourra vous procurer toute une journée d'émerveillement (voir pp.51-2 pour plus de détails). Pour le moment, continuons le long du canal

Le merveilleux pont de marbre de Christiansborg est l'un des hauts lieux de Copenhague.

Que voir

jusqu'à la **Børsen** (l'ancienne Bourse – la Bourse actuelle est sur Strøget) datant de Christian IV. Son toit de cuivre vert-de-grisé est coiffé d'une flèche illustrant quatre queues de dragons entrelacées. Christian IV fut très influencé par le grand épanouissement de l'architecture néerlandaise de l'époque et, en 1619, il demanda à deux frères hollandais de construire ce gracieux édifice qui semble sorti d'un conte de fées.

À votre gauche, au-delà du canal et du marché aux fleurs de la rue Børsgade, un autre édifice, de style vénitien mais avec des pignons ouvragés à la manière hollandaise et une petite tour de cuivre, émerge directement des flots. C'était au XVIe siècle une forge d'ancres de marine; Christian IV en fit une église de marins en 1619. **Holmens Kirke** (ouverte du lundi au samedi de 9h à midi) vous réserve des surprises: son intérieur est intime et confortable, et ses boiseries chaudes font oublier la pierre et les statues. L'autel, le retable et la chaire sont en chêne, ornés de bas-reliefs dus à Abel Schrøder le Jeune, dont c'est aujourd'hui la seule œuvre connue.

Holmens Kirke est l'église préférée de la famille royale; en 1967, la reine Marguerite y épousa le prince français Henri, ancien comte de Laborde de Montpezat. Elle tient aussi une

Les marins viennent toujours se recueillir sur les modestes bancs d'Holmens Kirke.

La vieille ville et Strøget

place particulière dans le cœur des marins: la chapelle adjacente (1706-8) est dédiée aux héros de la mer, du baron et amiral Niels Juel aux marins danois qui périrent au cours de la Seconde Guerre mondiale. Selon une coutume fréquente au Danemark, deux maquettes de bateaux sont suspendues au plafond de l'église.

En remontant Admiralgade, en face de l'église et au-delà de la rue Holmens Kanal, vous atteindrez la Skt Nikolaj Kirke (église Saint-Nicolas) avec sa flèche de 70m que vous aurez aperçue depuis votre halte à la statue de la *Poissonnière*. Plusieurs fois détruite par le feu, elle fut reconstruite en 1917 et désacralisée. Elle abrite, entre autres, des expositions d'art.

Dans Vingårdsstræde, vous êtes au cœur du quartier des boîtes de jazz, des petits bars et des repaires d'artistes; rejoignez Kongens Nytorv (voir p.30) et prenez à gauche dans la section nord-est de **Strøget**.

Strøget est une charmante artère piétonne, très agréable à arpenter de jour comme de nuit, avec ses nombreux petits bars, ses terrasses de café et ses jolies boutiques. Cette rue prend tour à tour en 1200m les cinq noms de Østergade, Amagertorv, Vimmelskaftet, Nygade et Frederiksberggade en partant de Kongens Nytorv.

Sur la droite d'Østergade, **Pistolstræde** est une rue pittoresque aux maisons anciennes occupées par des boutiques et de petits restaurants. Plus loin, remarquez au Amagertorv 6 un très bel exemple d'architecture baroque hollandaise: la manufacture royale de porcelaine. Plus loin, vous verrez l'**Helligåndskirke** (église du Saint-Esprit), datant des XVIIe et XVIIIe siècles, et la pelouse de son parvis.

Continuez le long de Strøget. Au bout de Hyskenstræde et Badstuestræde, vous voici dans des petites rues transversales qui fourmillent de boutiques originales – antiquités, curiosités, tout un bric-à-brac à l'écart de la foule.

Puis Strøget s'élargit pour englober les deux places de Gammeltorv et Nytorv, envahies par les cafés. Sur Nytorv, vous avez une vue complète du

Que voir

palais de justice, simple et imposant. Sur Gammeltorv, la **fontaine Caritas**, la plus ancienne de la ville, remonte à 1610. Une tradition datant du mariage du roi Christian X et de la reine Louise (1892) veut que, chaque année, l'on fasse danser des pommes dorées sur les jets d'eau, le jour de l'anniversaire de la naissance du monarque au pouvoir (actuellement le 16 avril).

Enfin, Strøget devient Frederiksberggade. Encore 180m et vous revenez à votre point de départ, Rådhuspladsen.

Promenade n° 2

KONGENS NYTORV ET LE PORT

Cette promenade part de **Kongens Nytorv** (bus n°s 1, 6, 28, 29 et 41 depuis Rådhuspladsen). Cette «nouvelle place du roi» – dédiée à Christian V – tracée vers 1680, est toujours la plus importante de la ville: 12 rues y débouchent.

Du côté sud-ouest de la gracieuse Kongens Nytorv, le **Det kongelige Teater** (Théâtre danois) lui donne son style. Inauguré en 1748 et rebâti en 1874, c'est le plus grand centre culturel de la ville, accueillant à la fois le théâtre, l'opéra et le ballet national danois. Le jeune Hans Christian Andersen y effectua de piètres débuts en tant que danseur.

La maison suivante au bord du canal Nyhavn est, paraît-il, le principal édifice purement baroque de Danemark. Appelé **Charlottenborg** parce que la reine Charlotte Amélie y vécut à partir de l'an 1700, ce bâtiment massif est, depuis 1753,

le siège de l'Académie royale des beaux-arts.

Édifié entre 1672 et 1683 par le fils illégitime de Frédéric III, Ulrik Frederik Gyldenløve, Charlottenborg eut une très grande influence sur l'architecture danoise. En effet, de nombreuses résidences campagnardes s'inspirent de cette structure baroque hollandaise de brique rouge conçue par Evert Janssen; par ailleurs, Ulrik imposa aux nobles de faire construire leurs demeures dans le prolongement du château pour que Kongens Nytorv devienne une place digne de son nom royal.

La Kongens Nytorv se prête à la détente. Pour vos cartes postales, cherchez les boîtes rouges.

Vous y verrez donc un grand nombre d'édifices importants. À l'angle nord-est de la place, ne manquez pas **Thotts Palæ** (palais Thott) – le siège de l'ambassade de France –, qui fut construit par un héros de la marine, l'amiral Niels Juel, ni **Kanneworffs Hus**, un charmant édifice triangulaire datant de 1782, entre Bredgade et Store Strandstræde.

Que voir

Au milieu de la place se trouve une statue équestre de Christian V; sous le cheval du roi sont assis quatre personnages à l'air soumis.

Et maintenant traversez la place en direction de **Nyhavn** (nouveau port). L'atmosphère de cette ancienne «rue des navigateurs» reste toute marine. À l'extrémité du canal, creusé au milieu de la ville en 1671, a été placée une imposante ancre ancienne pour commémorer le sacrifice de nombreux marins danois au cours de la Seconde Guerre mondiale.

Au fil des siècles, les deux côtés du canal sont devenus le symbole de la vieille ville. Nyhavn a été peint et photographié sous tous les angles, avec, d'une part au nord, ses restaurants et ses tavernes, et ailleurs

Kongens Nytorv et le port

ses façades restaurées avec soin, ses appartements de luxe, ses quelques bons restaurants et son magnifique hôtel installé dans ce qui était, au XVIIIe siècle, un entrepôt.

Andersen vécut à deux reprises à Nyhavn, écrivant ses premiers contes au n° 67, de 1854 à 1864, et passant les dernières années de sa vie au n° 18. Cette rue a tout – histoire, architecture, vie nocturne animée. Rythmée par le passage constant d'embarcations pittoresques, elle est le point de départ des circuits sur les canaux et du service régulier d'hydrofoils vers la Suède.

Descendez Nyhavn du côté nord et admirez le bassin intérieur de Christianshavn et la flèche en colimaçon de la Vor Frelsers Kirke (voir p.46).

Le simple fait de se relaxer au bord de l'eau amène le sourire au coin des lèvres.

Que voir

Un garde royal à lunettes au palais d'Amalienborg.

Tournez à gauche dans Skt Annæ Plads, boulevard bordé de beaux immeubles anciens abritant consulats ou bureaux, puis à droite dans Amaliegade. Traversez des arcades en bois pour déboucher sur la superbe place du **palais Amalienborg**. Dans cet octogone, tout est symétrie: sur quatre côtés, quatre palais identiques comportant deux ailes chacun; quatre rues convergent à l'angle droit vers l'imposante esplanade; 16 soldats coiffés de bonnets à poils montent la garde devant l'entrée de chacun des palais et à chaque angle de la place. La reine habite l'aile ouest à côté des arcades; la reine mère occupe l'aile adjacente, alors que les deux princes vivent dans la troisième aile, qui abrite également le musée du palais Amalienborg (voir p.53). À gauche, la quatrième aile est réservée aux chefs d'État en visite.

Le nom d'Amalienborg fut donné au palais en l'honneur de la femme de Frédéric III, la reine Sophie Amélie; mais en 1869, un incendie détruisit les bâtiments originaux. Les palais actuels – édifiés au même endroit – étaient à l'origine destinés à des gentilshommes. C'est l'architecte de la cour Nicolaï Eigtved qui les conçut dans la foulée des grands tra-

Kongens Nytorv et le port

vaux d'extension de la ville, dans les années 1750. Après l'incendie de 1794 qui réduisit en cendres le château de Christiansborg, la famille royale racheta peu à peu Amalienborg aux nobles qui l'occupaient et s'y installa. Ce palais est aujourd'hui considéré comme un des plus beaux ensembles rococo d'Europe. Au centre, un **monument équestre** en cuivre est dédié au roi Frédéric V.

Parmi les attractions du palais, ne manquez pas la **relève de la garde**, qui se tient tous les matins à 11h30 précises, lorsque la reine réside à Amalienborg. Les gardes partent de leur caserne près du château de Rosenborg et traversent la ville pour arriver sur la place juste avant midi. Jusqu'à 70 gardes marchent au rythme de la fanfare, dans leurs pantalons bleus à bandes blanches, leurs bottes luisantes, leurs bonnets à poils et, pour les grandes occasions, leurs tuniques rouges à épaulettes blanches.

Entre le palais et le port, les beaux jardins d'**Amaliehaven** sont dus à l'architecte belge Jean Delogne, qui utilisa du calcaire français et du granit danois, tandis que le sculpteur italien Arnaldo Pomodoro créa les piliers de bronze autour de la fontaine.

Revenez sur Amaliegade et continuez vers le nord jusqu'à l'angle de l'Esplanaden, d'où vous pourrez apercevoir plusieurs lieux intéressants.

Le **Frihedsmuseet** (musée de la Résistance danoise, voir p.54), situé dans l'un des plus jolis cadres de la ville – surtout

La spectaculaire fontaine de Gefion – une utilisation habile de l'eau et de l'espace.

Que voir

à l'époque où fleurissent les jonquilles – dispose d'une cafétéria où les visiteurs pourront se restaurer.

L'**église Saint-Alban** rappelle immédiatement l'Angleterre; elle fut bâtie en 1887 par un architecte britannique, au beau milieu des ormes et des pelouses du parc Churchill.

La Petite Sirène d'Andersen, isolée sur son rocher (ci-dessous); l'entrée du Kastellet (à droite).

La **fontaine de Gefion**, la plus spectaculaire de Copenhague, est tout à fait remarquable. Érigée par la fondation Carlsberg en 1908, elle évoque la légende de la déesse nordique Gefion, qui transforma ses quatre fils en bœufs pour qu'ils creusent le sillon séparant l'île de Seeland de la Suède. Le sculpteur Anders Bundgaard a très habilement utilisé la petite pente près de l'église: la déesse et ses «fils» en descendent, faisant jaillir l'eau autour d'eux.

Suivez les pancartes au nord vers Langelinie. Vous traverserez de très agréables jardins émaillés de nombreuses stèles et statues pour parvenir à la plus célèbre: la **Petite Sirène** (*Den Lille Havfrue*). Selon le conte d'Andersen, une pauvre petite sirène échangea sa voix contre ses jambes afin de gagner l'amour d'un prince; mais, muette, elle se vit préférer une véritable princesse. Désespérée, elle se jeta dans la mer et se transforma en écume.

Malheureusement, la *Petite Sirène* a déjà été à plusieurs reprises l'objet de vandalisme;

un jour décapitée, un autre amputée d'un bras... Elle ne reste cependant jamais mutilée très longtemps car les moules originaux (1913) ont été précieusement gardés dans l'atelier du sculpteur Edvard Eriksen.

Si vous en avez encore la force, faites 1km de plus jusqu'à **Langelinie** ou une petite incursion dans les charmants jardins de la citadelle avant de rebrousser chemin.

Le **Kastellet** (la citadelle) était un bastion du système de défense de Copenhague sous Christian IV. Construite principalement entre 1662 et 1725, la forteresse est encore utilisée par l'armée – l'église, la prison et la maison du commandant ayant résisté aux assauts du temps. Cette enclave d'une grande sérénité a conservé un délicieux moulin (1847) et les vestiges des anciens remparts.

À quelques encablures de la citadelle, **Nyboder** (les «nouvelles maisons») fut construit par Christian IV (1631 à 1641) pour ses marins. Situé dans le triangle formé par les rues Øster Voldgade et Store Kongensgade, ce pittoresque quartier aux habitations peintes en jaune, aux toits pointus à pignons, est encore habité par le personnel de la marine.

37

Que voir

Quittez les jardins de la citadelle par la porte sud; vous êtes sur Esplanaden. Dirigez-vous ensuite vers **Bredgade**. Jusqu'à Kongens Nytorv, vous passerez par un quartier résidentiel aux belles maisons de granit conçues par l'architecte Nicolaï Eigtved, à la même époque qu'Amalienborg. Au n° 70 mourut Søren Kierkegaard, en 1855. Au n° 68, le **Kunstindustrimuseet** (musée des Arts décoratifs), édifice rococo, est un ancien hôpital du XVIIIe siècle (voir p.54).

Juste à côté, au n° 64, Skt Ansgar Kirke regroupe la petite communauté catholique de la ville depuis 1842. Un intéressant musée situé à l'arrière de l'église est dédié à l'histoire du catholicisme à Copenhague depuis sa quasi-extinction lors de la Réforme, en 1536.

Avant d'atteindre deux superbes maisons à l'angle de Fredericiagade, voici les trois bulbes dorés de l'**Alexander Newsky Kirke**, église édifiée par la communauté orthodoxe russe entre 1881 et 1883.

Kongens Nytorv et le port

Au croisement de Bredgade et de Frederiksgade, le superbe dôme de la **Marmorkirken** (église de Marbre) se dresse à votre droite. Avec ses 31m de diamètre, il est l'un des plus vastes d'Europe. L'église fut conçue par Nicolaï Eigtved en 1740 pour être le centre du nouveau quartier de la «ville de Frédéric» (elle porte aussi le nom de *Frederikskirken*). La première pierre fut posée en grande pompe par le roi Frédéric V en 1749. Mais, en 1770, le marbre norvégien employé était devenu si cher que les travaux durent être interrompus. L'église resta à l'état de ruines pendant un siècle et fut finalement consacrée en 1894, le marbre ayant été complété par du marbre danois de Fakse.

L'intérieur est à la fois imposant et magnifique. Soutenu par 12 volumineux piliers, le dôme est décoré de fresques en bleu, vert et or. Derrière un autel baroque, une lumière filtre au travers des vitraux. À l'extérieur, au niveau de la rue, l'église est entourée de statues représentant des dignitaires de l'église danoise, tels que saint

Les vieilles maisons de Nyboder, peintes en jaune, sont encore habitées par des marins.

Ansgar (qui propagea le christianisme au Danemark) et un éminent pédagogue du XIXe siècle, Grundtvig. Vous verrez, sur la terrasse, 16 statues de personnages de l'histoire religieuse, de Moïse à Luther.

C'est un endroit idéal pour se reposer avant de rejoindre l'élégante Bredgade.

39

Que voir

Promenade n° 3

LE QUARTIER UNIVERSITAIRE ET LES PARCS

En partant de Rådhuspladsen, dirigez-vous vers l'ouest par Vester Voldgade, puis prenez à droite la petite Studiestræde, rue du XVIIIe siècle mêlant les magasins d'antiquités, les librairies et les boutiques.

Au n° 6 de cette rue vécut H. C. Ørsted, qui découvrit en 1820 l'électromagnétisme. À quelques mètres de là, au coin de Nørregade, vous vous retrouverez en face de l'un des plus vieux bâtiments de la ville – l'ancienne **Bispegården** (résidence épiscopale), qui date de 1500 et est maintenant incorporée dans l'université. Sur Bispetorvet fut élevé, en 1943, un monument commémorant les 400 ans de l'introduction de la Réforme au Danemark. Surplombant la place, l'austère cathédrale (*Domkirken*) de Copenhague est connue sous le nom de **Vor Frue Kirke** (église Notre-Dame). Sunesen, le successeur de l'évêque Absalon, en aurait établi les fondations au XIIe siècle; mais en 1316, elle avait déjà brûlé à quatre reprises. Elle fut dévastée deux fois encore: en 1728, lors du grand incendie, et en 1807 par les bombardements

Une myriade d'ampoules décore et illumine l'entrée du célèbre parc de Tivoli.

Le quartier universitaire et les parcs

britanniques. L'église actuelle fut reconstruite entre 1811 et 1829 par les deux architectes V. F. K. et C. F. Hansen.

L'intérieur de la cathédrale est vaste et également austère, bien qu'orné d'une admirable collection d'œuvres exécutées par Bertel Thorvaldsen – de grandes statues en marbre des douze apôtres, le long des bas-côtés, ainsi qu'un **Christ** dominant entouré de candélabres de bronze et baignant dans une lumière orangée.

Les bâtiments universitaires qui se dressent au nord de la cathédrale ne datent que de 1830, bien que l'université ait été fondée en 1479. Une ambiance estudiantine anime le quartier avec ses terrasses de cafés, ses caves et ses fascinantes petites librairies.

À l'arrière de la cathédrale et de l'université, vous découvrirez Fiolstræde, une agréable artère piétonnière. Au coin de Krystalgade se trouve la synagogue inaugurée en 1833.

Redescendez Fiolstræde et prenez Skindergade; vous arriverez sur **Gråbrødretorv**, une agréable petite place cernée de maisons du XVIIIe siècle aux couleurs vives. Elle abrita un monastère franciscain jusqu'à la Réforme. Les cafés y sont désormais nombreux et vous pourrez vous y délasser.

Prenez ensuite Lille Kannikestæde vers Købmagergade, puis bifurquez à droite dans Store Kannikestræde. Au passage, jetez un coup d'œil à la

*A*près les cours, les étudiants aiment venir méditer devant la vitrine de cette librairie.

41

Que voir

Tivoli

Tivoli est magique, et cela ne s'explique pas par des chiffres. C'est une ambiance créée par le hasard et l'inspiration. Il faut le voir et le sentir pour le croire. Tivoli reflète le désir danois de se retrouver dans un cadre agréable, un lieu où toute la famille et toutes les générations peuvent s'amuser ensemble.

Ce parc d'attractions, sur d'anciennes fortifications au cœur de la ville, est unique. La journée et le soir, vous y trouverez deux mondes différents. Pour un billet moins cher qu'une place de cinéma, vous pouvez y rester de 22h à minuit.

Quatre cent mille fleurs s'y épanouissent en toute saison, les arbres et les allées sont illuminés par 110 000 ampoules (pas de néon) et par les feux d'artifice tirés trois fois par semaine. Snack-bars, brasseries et restaurants proposent à votre choix un hot dog ou un repas gastronomique. (A condition d'acheter au moins un café, vous serez le bienvenu pour y déguster votre *smørrebrød*, acheté dans une boutique de Vesterbrogade.)

Un restaurant en forme de pagode chinoise côtoie des machines à sous; la salle de concert accueille l'orchestre philharmonique de Berlin comme la fanfare des pompiers d'Århus; il y a 85 boutiques, des manèges, un théâtre de pantomimes, des fontaines colorées près du lac et une fanfare enfantine, reproduction en miniature de la garde royale, parcourant les allées.

Tivoli reçoit chaque année cinq millions de visiteurs – autant qu'il y a d'habitants au Danemark. Près de 300 millions de personnes ont payé pour entrer dans ce parc privé de 8ha depuis que Georg Carstensen a obtenu le droit d'exploitation du site en 1843. La municipalité ne lui a accordé un bail que jusqu'en 1995, mais il n'y a pas lieu de craindre sa disparition.

Tivoli est ouvert de fin avril à mi-septembre. Vous trouverez sur place un programme des festivités de la semaine.

Le quartier universitaire et les parcs

ravissante cour du n° 10 – si la grille est ouverte; c'est l'amiral Ove Gjedde qui construisit cette demeure à colombage en 1637, répondant au souhait du roi Christian IV, qui voulait que la beauté de Copenhague soit une joie éternelle.

L'agréable rue piétonnière de **Købmagergade**, la plus ancienne voie commerciale de la capitale, rappelle également le roi Christian IV, car ce dernier y posa la première pierre de Trinitatis Kirke (église de la Trinité) en 1637 et, en 1642, y fit construire un observatoire astronomique, la **Rundetårn** (Tour ronde). Cet édifice est l'un des monuments les plus admirés depuis 300 ans, en dépit de sa faible hauteur (35m). Elle est plus intéressante à visiter que l'église. Vous pourrez monter, à l'intérieur, jusqu'au sommet grâce à un plan incliné peu commun – mais bien plus pratique qu'un simple escalier

Les représentations en plein air données dans le parc de Tivoli font le bonheur de tous.

Une rampe en spirale des plus originales mène au sommet de la Tour ronde !

pour hisser le lourd équipement nécessaire en cet endroit – qui grimpe en colimaçon sur 209m. Non seulement le tsar Pierre le Grand l'emprunta à cheval en 1716, mais la tsarine le suivit en carrosse.

Depuis 1623, des étudiants vivent à la résidence universitaire Regensen, en face de la Rundetårn. Le bâtiment actuel fut bâti dans sa majeure partie au XVIIIe siècle, et son arcade fut ajoutée en 1909.

Tâchez de ne pas manquer le **Musikhistorisk Museum** (musée de l'Histoire de la musique) au Åbenrå 30. Celui-ci renferme une belle collection d'instruments anciens et d'ouvrages sur la musique. N'oubliez pas non plus de visiter la **Davids Samling** (collection David), située au Kronprinsessegade 30 (voir p.54).

La rue Landemærket, qui longe la Tour ronde, mène à Gothersgade (une importante artère), à de grands parcs, au jardin botanique et à l'un des châteaux les plus séduisants que l'on puisse imaginer au cœur d'une cité.

Juste en face de Landemærket s'étend le parc **Kongens Have**, aménagé en 1606-7 par Christian IV, pour qui le palais de Christiansborg devenait à la fois trop cérémonieux et pesant. À la même époque, il fit construire une petite résidence campagnarde au bout du parc (alors en dehors des murs) et l'agrandit ensuite; il en résulta **Rosenborg Slot** (le château de Rosenborg), qui fut transformé en 1833 en un musée royal dégageant une atmosphère et une grâce fantastiques (voir p.58). Il s'agit d'un élégant édifice en brique de trois étages, dans le style Renaissance hollandaise et danoise, et dont Christian lui-même aida à la conception. C'est le château le plus confortable qui soit. Il a tous les ornements et les attributs traditionnels – douves, remparts, tourelles et tours – d'un «vrai» château, mais il en émane une atmosphère de vacances.

Les amateurs de jardinage voudront explorer le **Botanisk Have** (jardin botanique), face à Rosenborg, tandis que le **Statens Museum for Kunst** (la Galerie nationale), plus au nord sur Øster Voldgade intéressera les amateurs d'art (voir pp.95 et 60).

De là, l'autobus n° 10 vous conduira jusqu'à Kongens Nytorv, tandis que le 75E (aux heures de pointe) vous ramènera à Rådhuspladsen.

Promenade n° 4

CHRISTIANSHAVN

Bien qu'il y ait déjà beaucoup à voir autour de Rådhuspladsen et Kongens Nytorv, cela vaut la peine de visiter l'autre côté du port, au-delà des ponts de Langebro et Knippelsbro, à **Christianshavn**, et même de pousser jusqu'aux villages de Store Magleby et Dragør sur l'île d'Amager.

Le nom de Christianshavn (le «port de Christian») vient – encore une fois – du roi Christian IV, et le quartier tout entier ressemble à Amsterdam, reflétant en cela la prédilection de ce monarque pour l'architecture des Pays-Bas.

Que voir

De Rådhuspladsen, les bus n° 2 et 8 vous conduiront à la place Christianshavns Torv; traversez ensuite la rue principale et remontez **Overgaden oven Vandet** pour voir les entrepôts, les maisons étroites, les petits bars de style hollandais – surmontés de palans – et le canal foisonnant de bateaux.

Prenez à droite dans Skt Annæ Gade. Vous serez alors frappé par **Vor Frelsers Kirke** (l'église du Sauveur), de style dano-italien. Cette église de brique et de grès fut construite entre 1682 et 1696 sous la direction de Lambert van Haven. Environ 50 ans plus tard, Lauridz de Thurah lui ajouta sa célèbre flèche entourée d'un escalier en colimaçon, qui fut vraisemblablement inspirée de l'église Sant'Ivo alla Sapienza à Rome. Quatre cents marches (dont un tiers sont à l'extérieur) vous mèneront – si vous n'avez pas le vertige et si le temps le permet – de l'entrée de l'église au globe doré, ainsi qu'à la statue du Christ qui surmonte la flèche.

Les gens de Copenhague se plaisent à raconter que Thurah construisit la spirale à l'envers et se jeta du haut de la flèche quand il s'en rendit compte. On sait pourtant qu'il ne mourut que sept ans après la fin des travaux (1752).

L'intérieur de l'église est remarquable. Le chœur est flanqué de six anges de bois; les fonts baptismaux – en marbre blanc sculpté – sont soutenus par quatre chérubins et l'autel, datant de 1732, est surchargé de figures allégoriques et de personnages, jouant dans les nuages, qui rappellent ceux de Dresde. Un orgue monumental datant de 1690 et plusieurs fois remanié jusqu'en 1965 couronne le tout. Son buffet est somptueusement orné de bas-reliefs sur bois, et deux grands éléphants en stuc soutiennent l'ensemble.

Si l'éléphant apparaît souvent comme un élément décoratif, c'est probablement grâce au plus ancien ordre chevaleresque du Danemark: celui de l'Éléphant. Un insigne et les armoiries de cet ordre décore justement la voûte centrale, à côté du monogramme couronné de Christian V.

*U*n escalier extérieur mène au sommet de la flèche élancée de Vor Frelsers Kirke.

L'église est ouverte de 9h à 15h30 du lundi au samedi (de 10h à 13h30 en hiver), et de midi à 13h30 le dimanche. Il vous faudra payer une somme modique pour monter à la tour, d'où vous aurez une vue superbe sur la ville. Sachez que des travaux de restauration y sont prévus en 1995.

Revenez ensuite sur vos pas le long de Skt Annæ Gade, traversez le pont et allez jusqu'à la jonction avec **Strandgade**, en face du ministère des Affaires étrangères. Ce quartier est un curieux mélange d'ancien et de moderne. Logé dans un ancien entrepôt de Gammel Dok, le Centre danois d'architecture vaut le déplacement. Prenez à gauche dans cette rue – dont les maisons datent des XVIIe et XVIIIe siècles. Ne vous contentez pas de leurs façades: jetez un œil dans les cours pavées. N. F. S. Grundtvig habita plusieurs années au n° 4B; au début du XVIIIe siècle, le n° 6 fut la demeure d'un héros dano-norvégien, l'amiral Peter Wessel Tordenskjold, mais son mode de vie exubérant lui valut l'inimitié de plus d'un voisin. On dit qu'à chaque *skål*, au cours des nombreux banquets qu'il donnait, des canons tiraient à la porte principale. Bien des insomniaques furent soulagés par sa mort survenue lors d'un duel en 1720.

Que voir

Strandgade se termine à la sombre **Christians Kirke**, sur Torvegade. Elle fut construite en 1755 par Nicolaï Eigtved. L'intérieur, avec ses galeries à arcades, rappelle étrangement une vieille salle de music-hall.

Non loin, Knippelsbro vous ramènera dans le centre de la ville; mais vous pourrez pousser plus loin sur l'île d'Amager jusqu'à un joli village du bord de mer.

Les sites alentour

Les services des transports publics vous permettront de rejoindre, au-delà du centre, la banlieue de Copenhague. Pour vous rendre au sud d'Amager, prenez le bus n° 31 à Christianshavns Torv et, au bout de 1500m, changez de bus – soit le n° 30 au boulevard Amager, soit le n° 33 à Sundholmsvej. Vous traverserez une vaste zone résidentielle, qui remplace depuis à peine quelques années des marécages et des petits jardins, et vous atteindrez le village de **Store Magleby** que le temps n'a pas altéré – mis à part les nuisances de l'aéroport de Copenhague tout proche.

Logé dans un vieux corps de ferme, l'**Amagermuseet** (le musée d'Amager) est meublé comme à l'ancien temps, des chambres à la cuisine. La collection exposée (assemblée depuis 1901) provient de dons des villageois alentour. Ce musée explique très simplement l'atmosphère néerlandaise particulière à cette région.

Les liens avec les Pays-Bas commencèrent lorsque le roi Christian II (qui régna de 1513 à 1523) invita une colonie de fermiers néerlandais à venir améliorer les cultures et fournir à la table royale «toutes les racines et tous les bulbes». Les fermiers reçurent le privilège de vivre à Store Magleby. Le village, longtemps appelé Hollænderbyen (le «village des Hollandais»), avait son propre système judiciaire, son église (avec des services en néerlandais ou en bas-allemand), et ses habitants portaient un costume bizarre, mélange de traditions hollandaise, danoise et française; plusieurs exemplaires sont exposés au musée.

Les sites alentour

Le musée d'Amager est ouvert toute l'année le mercredi et le dimanche de 12h à 16h et, en plus, de mai à septembre du jeudi au samedi de 11h à 15h.

Reprenez l'autobus n° 30 ou 33 pour 2km de plus jusqu'à **Dragør**, un village du XVIIIe siècle remarquablement préservé et dont le port est très pittoresque. Au sortir de la rue principale, vous entrerez dans un labyrinthe de ruelles pavées interdites aux voitures. Profitez du calme pour flâner entre les maisons peintes en jaune et la mosaïque de jardinets qui donnent bien une idée de ce que devait être la vie avant l'ère de l'automobile.

Près du port, une maison de pêcheurs de 1682 (la plus ancienne du village) a été aménagée en **musée de Dragør**, consacré à l'histoire maritime locale. Il est ouvert de mai à septembre, du mardi au vendredi de 14h à 15h, le samedi et le dimanche de midi à 18h. De là les bus n° 30 et 33 vous ramèneront à Rådhuspladsen.

C'est encore de cette place que vous pouvez vous rendre à Bispebjerg, au nord-ouest de Copenhague, afin de visiter la **Grundtvig Kirke**. Le voyage en autobus ne dure que 10min (lignes n°s 16 ou 19 depuis Rådhuspladsen). Six millions de briques furent nécessaires pour édifier ce monument en

Le charme pittoresque du village de Dragør et de ses ruelles aux pavés inégaux.

Que voir

hommage à celui que le Danemark considère comme le plus grand de ses fils.

Nous parlons du fondateur des universités populaires danoises, Nicolaï Frederik Severin Grundtvig (1783-1872), éducateur renommé, pasteur austère et prolifique auteur d'hymnes. La Grundtvig Kirke est de toute évidence un monument à l'architecture danoise du début du XXe siècle. Peder Jensen-Klint a su allier la simplicité à l'efficacité dans sa conception même de l'édifice. Quelques maçons, soigneusement choisis, ont travaillé au projet, certains du début à la fin (1921-40). L'ensemble est uniformément jaune pâle – la tour de 49m et les voûtes de la nef (22m), tous les escaliers et les piliers, les balustrades, la chaire et l'autel.

Les 4800 tuyaux d'acier de l'orgue surplombent une vaste nef très sobre. Ils constituent un émouvant témoignage de reconnaissance convenant à ce personnage qui composa 1400 hymnes, et un monument national à ne manquer sous aucun prétexte.

On peut visiter l'église de mi-mai à mi-septembre du lundi au samedi de 9h à 16h45; le dimanche de midi à 16h; le reste de l'année de 9h à 16h en semaine, et de midi à 13h les dimanches et jours fériés.

Le voyage fait partie du plaisir lorsqu'on alterne vélo et ferry.

Les musées

Qu'il s'agisse d'horaires ou de prix d'entrée (très variables), tout est sujet à caution. Alors que certains musées sont gratuits, d'autres perçoivent un droit d'entrée – modeste ou élevé. Les enfants bénéficient partout de tarifs réduits, allant de 50 à 80%; parfois de l'entrée gratuite. Pensez à investir dans une «carte Copenhague» (voir p.137), valable jusqu'à trois jours, elle vous permettra d'entrer gratuitement dans les grands musées. Pour ne pas être déçu, vérifiez les horaires d'ouverture et les lignes d'autobus avant de partir.

Christiansborg Slot

Château de Christiansborg. Il abrite aujourd'hui des ministères, le Parlement (*Folketing*), la Cour suprême danoise, ainsi qu'un ensemble de musées décrits ci-dessous.

De Kongelige Repræsentationslokaler (salons d'apparat royaux). C'est un point de départ parfait, mais il vous faudra respecter quelques contraintes. On visite avec un guide, on ne touche à rien et, à l'entrée, on met des chaussons par-dessus ses chaussures pour ne pas abîmer les inestimables parquets. La première anecdote que votre guide vous racontera sera peut-être la suivante: «Regardez le plafond, soutenu par de spectaculaires piliers en forme de statues; avec leurs têtes inclinées sous le poids du toit, elles symbolisent le contribuable danois.»

À l'étage, vous traverserez une série de pièces plus ou moins fastueuses, dont celle, richement tapissée vert et or, de laquelle les monarques – qui ne sont plus couronnés depuis Christian VIII – accèdent au balcon qui surplombe la place du château (*Slotspladsen*), à l'occasion de leur intronisation; 50 000 personnes y assistèrent à l'avènement de la reine Marguerite II en 1972.

Au sous-sol du palais, vous verrez les **ruines**, bien préservées, des palais précédents.

Salons d'apparat royaux: visites guidées de juin à août, du mardi au dimanche à 11h, 13h et 15h; septembre et mai, du mardi au dimanche à 11h et 15h; octobre à avril, les mardi, jeudi et dimanche à 11h et 15h. *Folketing*: visites guidées dimanche à 10h et 11h et de 13h à 16h; de juin à août, tous les jours sauf le samedi de 10h à 16h. *Ruines*: d'octobre à avril, du mardi au vendredi et le dimanche; de mai à septembre, tous les jours de 9h30 à 15h30.

Teatermuseet

Musée du Théâtre. À l'arrière de Christiansborg, traversez le manège royal (dominé par une statue équestre en cuivre de Christian IX); sur une élégante terrasse, au-dessus des écuries, se trouve le curieux musée du Théâtre, baignant depuis toujours dans l'odeur des chevaux qui filtre au travers du plancher bicentenaire. On parle de ces émanations depuis la première représentation en 1767.

Le petit auditorium et les galeries regorgent de reliques théâtrales danoises ou internationales: souvenirs de Hans Christian Andersen, d'Ibsen et d'Anna Pavlova, affiches, costumes, photographies et autres gravures retraçant l'histoire du théâtre danois.

Le musée est ouvert le mercredi de 14h à 16h et le dimanche de midi à 16h.

Tøjhusmuseet

Musée de l'Arsenal. Tøjhusgade 3; bus n°s 1, 2, 6 et 8 depuis Rådhuspladsen. Des gardiens en tricorne et jaquette rouge vous accueillent dans ce grand bâtiment au sud-est de Christiansborg. Cela convient bien à l'une des plus riches collections historiques d'uniformes et d'équipements militaires que l'on puisse voir en Europe.

Ici, pas de vitrines. Les boulets sont empilés comme des tas de pommes de terre, on peut voir aussi bien un canon du XVe siècle, datant du règne de Marguerite Ire, que les armes modernes les plus sophistiquées. Trois vieux avions de guerre datant de 1909, 1921 et 1925 sont suspendus au plafond, tandis qu'à l'étage, vous verrez des uniformes et des armes. Le musée est ouvert du mardi au dimanche de 10h à 16h; fermé le lundi.

Les musées

LES PRINCIPAUX MUSÉES

Musée du palais Amalienborg. Palais de *Christian VIII, Amalienborg*. Observez comment vivait la famille royale danoise entre 1863 et 1947. Tous les jours, du 1er mai au 23 octobre et du 26 au 30 décembre, de 11h à 16h; du 24 octobre au 18 décembre et du 2 janvier au 30 avril, du mardi au dimanche de 11h à 16h; adultes 35 kr, enfants 5 kr, gratuit avec la «carte Copenhague». (Voir p.34)

Den Hirschsprungske Samling. *Stockholmsgade 20*. Un charmant musée, situé dans un parc, dédié à l'art danois du XIXe siècle et aux peintres de l'«âge d'or». Du mercredi au samedi de 13h à 16h, le dimanche de 11h à 16h, fermé lundi et mardi; adultes 20 kr, gratuit pour les enfants. (Voir p.54)

Nationalmuseet. *Ny Vestergade 10*. Le plus grand musée de Scandinavie abrite de véritables trésors – sculptures de l'âge de pierre, tentes de Mongolie, intérieurs de maisons à partir du XVIIe siècle, etc. Du mardi au dimanche de 10h à 17h; adultes 30 kr, gratuit pour les enfants et avec la «carte Copenhague». (Voir p.56)

Ny Carlsberg Glyptotek. *Dantes Plads 7*. L'étonnante collection du brasseur danois Carl Jacobsen est réunie sous un toit élaboré; expositions d'art égyptien, grec, romain et étrusque, et œuvres ultérieures – dont 73 statuettes en bronze de Degas. De mai à août, du mardi au dimanche de 10h à 16h; de septembre à avril, du mardi au samedi de midi à 15h, dimanche de 10h à 16h; fermé le lundi; entrée 15 kr. (Voir p.58)

Musée Thorvaldsens. *Porthusgade 2*. Le plus remarquable des édifices de Copenhague abrite les œuvres du prolifique sculpteur danois Bertel Thorvaldsen. Du mardi au dimanche, de 10h à 17h; visites guidées; entrée gratuite. (Voir p.60)

Que voir

Davids Samling

Collection David. Kronprinsessegade 30; bus n°s 7E et 10 depuis Kongens Nytorv. On y voit des peintures européennes du XVIIe et du XVIIIe siècle, de l'argenterie danoise, de l'art médiéval perse et des céramiques. Ouvert de 13h à 16h, tous les jours sauf le lundi.

Den Hirschsprungske Samling

Collection Hirschsprung. Ce beau musée, Stockholmsgade 20, est consacré à l'art pictural, à la sculpture et aux arts décoratifs danois du XIXe. Au début de ce siècle, Heinrich Hirschsprung, un riche marchand, fit don de sa collection à l'État. Notez les portraits et paysages d'Eckersberg (1783-1853), qui enseigna à l'Académie royale de Copenhague et influença bon nombre d'artistes; les paysages de Johan Lundbye datant du milieu du siècle; le style impressionniste unique que Laurits Tuxen développa lors de son séjour à Paris; les thèmes du réalisme socialiste popularisé par Peter Severin Krøyer. Ouvert du mercredi au samedi de 13h à 16h, le dimanche de 11h à 16h; fermé le lundi et le mardi.

Frihedsmuseet

Musée de la Résistance danoise. Churchillparken; bus n°s 1 et 6 depuis Rådhuspladsen. Ce musée illustre bien la tragédie de la guerre, puis le triomphe final. Des commentaires en anglais et en danois vous guident parmi les photographies et expositions. Ouvert de mai au 15 septembre, du mardi au samedi de 10h à 16h, le dimanche jusqu'à 17h; du 16 septembre à avril, du mardi au samedi de 11h à 15h, le dimanche jusqu'à 16h.

Kunstindustrimuseet

Musée des Arts décoratifs. Bredgade 68; bus n°s 1 et 6 depuis Rådhuspladsen. Artisanat européen et oriental, du Moyen Âge à nos jours, dans des bâtiments rococo de 1757. Beau jardin. Ouvert du mardi au dimanche, de 13h à 16h.

Les musées

Københavns Bymuseum

Musée de la ville de Copenhague. Vesterbrogade 59; bus n°s 6, 16 et 28 depuis Rådhuspladsen. Fondé en 1901, ce musée est le favori des enfants pour sa maquette de la ville (1525-50). À l'intérieur, vous admirerez des enseignes et des vêtements, des photographies, des gravures et des affiches rappelant le passé de la ville. C'est aussi là que se trouve le **Søren Kierkegaard Samling**: la petite collection comprend quelques objets consacrés au célèbre philosophe danois du XIXe siècle. Ouvert d'octobre à avril, du mardi au dimanche de 10h à 16h; et de mai à septembre, du mardi au dimanche de 10h à 16h. Fermé le lundi.

De merveilleuses statues antiques sont exposées à la glyptothèque de Ny Carlsberg.

Que voir

Legetøjsmuseet

Musée du jouet. Valkendorfsgade 13; bus n°s 5, 14 et 16 depuis Rådhuspladsen. Découvrez une fascinante collection de jouets, dont certains mécaniques, datant de nos grands-parents. Ouvert toute l'année de 10h à 16h, sauf le vendredi.

Louis Tussauds Voksmuseum

Musée de cire Louis Tussaud. HC Andersens Boulevard 22. Ce musée présente des personnalités danoises et étrangères. Ouvert tous les jours; du 27 avril au 18 septembre de 10h à 23h, et le reste de l'année de 10h à 16h30.

Nationalmuseet

Musée national. Ny Vestergade 10; autobus n°s 1, 2 et 6 depuis Rådhuspladsen. Ce musée n'est rien de moins qu'un labyrinthe, bien organisé, des œuvres humaines, de l'âge de pierre danois aux équipements équestres et tentes de Mongolie. Ce musée, divisé en huit départements, est le plus grand de Scandinavie. Ses plus importantes collections vont de la préhistoire au Moyen Âge, en passant par l'ethnographie, les cultures urbaines et féodales, l'antiquité, les monnaies et les médailles. Les heures d'ouverture des expositions varient; il est conseillé de se renseigner.

Vous serez intrigué par la préhistoire danoise, qui conduisit à l'époque des Vikings. Remarquez la dague de Hindsgavle (v. 1800-1500 av. J-C), taillée dans le silex, à la façon des armes en bronze répandues ailleurs à l'époque. La technique du bronze n'est apparue ici qu'après 1500 av. J-C, et vous verrez aussi de nombreux objets intéressants de cette période. Ne manquez pas le char du Soleil (1200 av. J-C); vénéré par les Danois, l'astre est figuré tel qu'ils l'imaginaient: un disque d'or traversant le ciel tiré par un cheval céleste.

Le Nationalmuseet offre un bon aperçu de la culture et du savoir-faire danois.

Les musées

En colonisant le Groenland, le Danemark s'est ouvert à la culture inuit. Vous verrez (au rez-de-chaussée, en entrant par Ny Vestergade) une exposition vivante de huskies, de campements, d'igloos et de vêtements médiévaux conservés dans le sous-sol du Groenland. Ouvert du mardi au samedi, de 10h à 17h. Fermé le lundi.

Ny Carlsberg Glyptotek

La Glyptothèque. Dantes Plads 7, sur HC Andersens Boulevard. Ce musée offre plusieurs facettes – chacune ayant son génie propre. La collection de base est celle de Carl Jacobsen (1842-1914), brasseur danois et grand amateur d'art. Elle s'est enrichie grâce à ses descendants et représente aujourd'hui l'une des plus belles du monde, aussi bien en ce qui concerne l'art égyptien, grec, romain qu'étrusque – il y aurait assez de statues et d'objets pour remplir 100 temples. Le musée fut spécialement construit pour abriter la collection; l'éblouissant hall d'entrée, par exemple, vous emmènera dans la Rome antique.

La Glyptothèque contient également des trésors très différents: 25 Gauguin, trois Van Gogh, plusieurs Monet et sept statues de Rodin sont en compétition, pour attirer votre attention dans les quatre pièces qui leur sont consacrées, avec 73 bronzes de Degas – de délicates figurines qui firent reconnaître le génie de l'artiste à titre posthume.

La Glyptothèque est ouverte de mai à août, de 10h à 16h; de septembre à avril, du mardi au dimanche de midi à 15h, le dimanche de 10h à 16h. Fermé le lundi, toute l'année.

Rosenborg Slot

Château de Rosenborg. Øster Voldgade 4A; autobus n°s 14 et 16 depuis Rådhuspladsen, ou train-S jusqu'à Nørreport. Mille objets couvrent l'histoire royale danoise des 500 dernières années, mais, en dehors des joyaux de la Couronne, ce sont les souvenirs de Christian IV, fondateur du château, qui présentent le plus d'intérêt.

La salle des Chevaliers, dans le Rosenborg Slot, vous ramènera quelques siècles en arrière.

Les 24 salles se succèdent chronologiquement, en commençant par le cabinet d'étude de Christian IV, meublé selon le style de l'époque. Dans la **Grande salle**, admirez les tapisseries retraçant les guerres suédoises, son plafond orné de lions d'argent et une des plus grandes collections qui soient de meubles en argent (surtout du XVIIIe siècle).

Dans la salle du trésor, vous verrez les joyaux de la Couronne et le plus ancien spécimen de l'ordre de l'Éléphant (1580 environ); on compte 18 vitrines contenant des épées de parade, des pierres précieuses, des calices de couronnement, des couronnes – et même des encriers et des services à thé en or massif; au centre, la couronne de la monarchie absolue (du XVIIe siècle) en or avec des diamants, des rubis spinelles et deux saphirs.

Ouvert de mars à mai et de septembre au 23 octobre, tous les jours de 11h à 15h; et de juin à août de 10h à 16h.

Que voir

Statens Museum for Kunst

Galerie nationale. Sølvgade 48-50; bus nos 10 depuis Kongens Nytorv et 75E (heures de pointe) depuis Rådhuspladsen. Une collection de peintures – des primitifs néerlandais à l'art moderne danois – est exposée dans un vaste bâtiment. Le musée abrite des œuvres représentant des paysages danois du XIXe siècle, des Matisse, des toiles des écoles flamande et hollandaise (de Rembrandt à Potter), la collection italienne, avec des œuvres de Tintoret et Titien, et peut-être la plus belle collection de Dürer du monde. Les couleurs de Niels Larsen Stevns (1864-1941), l'un des plus grands peintres danois de son temps, attirent l'attention.

Ouvert toute l'année, du mardi au dimanche, de 10h à 16h30, jusqu'à 21h le mercredi. Fermé le lundi.

Musée Thorvaldsens

Porthusgade 2; bus nos 1, 2 et 6 depuis Rådhuspladsen. Musée d'inspiration classique. Ici, les dieux et déesses grecs et romains vous observent. Toutefois, ils datent du XIXe siècle, œuvres de Thorvaldsen (1770-1844), le plus grand sculpteur danois et seul citoyen d'honneur de Copenhague.

À son retour triomphal de Rome après 40 ans d'absence, il consacra sa bibliothèque et sa fortune à la création d'un musée dont il confia la conception à un jeune architecte, Gottlieb Bindesbøll. Copenhague a hérité là d'un des bâtiments les moins traditionnels, depuis sa façade ocre jusqu'aux vives couleurs de l'intérieur: murs et plafonds noirs, rouges, bleus ou orange font ressortir le marbre blanc et les moulages des sculptures de Thorvaldsen.

Celui dont on disait qu'il était le plus grand sculpteur depuis le temps des césars vous offre une collection de 21 sections de chastes dieux classiques, de papes et d'aristocrates – une vision idéalisée de l'espèce humaine.

Ouvert toute l'année, de 10h à 17h du mardi au dimanche; visites guidées – en anglais – le dimanche à 15h.

Les excursions

La nature a divisé ce pays de 44 030km² en plus de 400 îles, de sorte que vous ne serez jamais à plus de 50km de la mer. Les habitants de Copenhague ont donc leur plage, leurs forêts et leur lac, et, dans la ville même, on peut faire une promenade en bateau, voir des moulins à vent et à eau, visiter un château royal de campagne et différents sites on ne peut plus villageois.

MUSÉE FOLKLORIQUE EN PLEIN AIR ET LAC DE LYNGBY

Afin d'atteindre le **Frilandsmuseet** (musée folklorique en plein air) à Sorgenfri (13km au nord de la ville), prenez – en voiture – les routes A3 et A5; en autobus direct, le n° 184 depuis Nørreport; en train-S, les lignes A et Cc jusqu'à Sorgenfri. Mais il existe une route plus bien intéressante et audacieuse: prenez le même train et changez à la gare de Jægersborg, puis montez dans le train à un wagon appelé *Grisen* («le cochon»), qui vous laissera à Fuglevad près de l'entrée arrière du musée.

Quarante fermes, maisons et ateliers, et un moulin de style néerlandais, sont éparpillés sur les 36ha du Frilandsmuseet. Les édifices sont meublés avec un souci scrupuleux d'authenticité: ni un peigne ni un portrait de famille n'a été oublié.

Une table pour quatre – l'hospitalité danoise est une tradition profondément ancrée.

Les maisons, réparties en groupes géographiques (Seeland, Jütland, îles Féroé, etc.) le long des routes rurales alternent avec des vieux ponts et des pompes à eau. Chaque poutre et chaque tuile a été apportée de son lieu d'origine. Tous les groupes sociaux, des paysans et des propriétaires terriens jusqu'aux artisans et fermiers, y sont représentés.

L'odeur du vieux bois et du goudron imprègne les pièces; oies et moutons circulent dans les rues. L'été, vous assisterez à des danses folkloriques, à la tonte des moutons et au filage. On peut aussi faire un tour en calèche puis aller pique-niquer sur l'herbe.

Consultez la presse locale ou bien l'office du tourisme de Copenhague pour les horaires d'ouverture et des visites guidées (voir p.132).

Prenez le temps de parcourir le kilomètre qui vous sépare de Lyngby et offrez-vous le plaisir, unique dans une capitale, d'une promenade champêtre

en bateau. À gauche se dresse un château baroque tout blanc, le **Sorgenfri Slot**, bâti au XVIIIe siècle par Lauridz de Thurah, qui conçut la flèche en colimaçon de la Vor Frelsers Kirke (voir p.46). Le château est fermé au public; le Mølleåaen («la rivière du moulin») se faufile sous la route.

Prenez à droite en suivant la pancarte indiquant *Lyngby Sø – Bådfarten* («lac de Lyngby –

En été, une légère brise balaie les étendues vallonnées de la campagne danoise.

promenades en bateau»); deux vénérables barques à dais de toile parcourent depuis 1890 les quatre lacs locaux.

En 45min de **promenade** de Lyngby à Frederiksdal ou de

Que voir

Lyngby à Sophienholm, vous découvrirez le parfum de ces eaux agréablement ombragées et leurs roseaux. Les bateaux naviguent de mai à septembre ou octobre, selon le temps.

En chemin, vous passerez devant Marienborg (1803), résidence d'été officielle du Premier ministre danois. Perché sur la colline, le **château** de Frederiksdal, une ancienne résidence royale, est occupé depuis 1740 par la même famille.

Vous pouvez aussi choisir de voir la **résidence Sophienholm** (1805), aujourd'hui un centre artistique et culturel, et vous vous reposerez à la terrasse d'un café en admirant le lac de Bagsværd Sø.

De retour à Lyngby, prenez le bus n° 184 qui vous ramènera directement à Copenhague. Vous pourrez également, en quelques pas, rallier la gare de Lyngby où vous prendrez le train-S, ligne A ou Cc.

Une excursion sur un lac et vous oublierez à coup sûr tous vos soucis !

Hôtels et restaurants de Copenhague

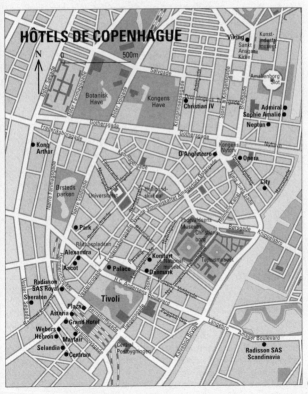

Hôtels recommandés

Les hôtels de Copenhague ont tendance à être regroupés aux alentours du centre-ville. Ils sont tous situés à quelques pas des principales attractions – Rådhuspladsen, Strøget (rue commerçante animée) et le parc de Tivoli. La principale gare ferroviaire se trouve à seulement 5min de marche du centre, tandis que l'aéroport n'est qu'à 20min en voiture ou en bus.

La section des hôtels est organisée selon les prix pratiqués: chers (plus de 1200 kr), modérés (de 600 kr à 1200 kr) et bon marché (moins de 600 kr). Les prix sont donnés sur la base d'une nuit dans une chambre double avec baignoire ou douche (sauf indication contraire); le service, la TVA et le petit déjeuner sont compris.

Nous vous conseillons vivement de réserver votre chambre à l'avance. Copenhague est particulièrement animée de juin à août; cependant, de nombreux conférenciers fréquentent les hôtels durant toute l'année.

Afin de vous être utile, nous avons inclus non seulement les hôtels proches de la ville, mais également certains établissements plus éloignés, pour vos excursions.

CHERS

D'Angleterre
Kongens Nytorv 34
1050 Copenhague K
Tél. 33 12 00 95
Fax 33 12 11 18

Cet établissement classique, bâti une première fois en 1630, puis reconstruit en 1755, est l'un des plus vieux hôtels de luxe du monde. Les salles de bains sont ornées de marbre, la robinetterie est plaquée or et les serviettes sont d'un blanc pur. L'hôtel dispose de deux restaurants: le restaurant d'Angleterre (dont le menu change très souvent) sert une cuisine internationale, et le Wünbald propose des repas danois plus traditionnels. Principalement fréquentée par des hommes d'affaires, mais aussi par des touristes. 130 chambres, parmi lesquelles 18 suites.

Hôtels recommandés

Neptun
Skt. Annæ Plads 14-20
1250 Copenhague
Tél. 33 13 89 00
Fax 33 14 12 50
Bâti en 1854, cet hôtel est décoré avec de belles antiquités scandinaves et des peintures contemporaines. Restaurant gastronomique et cour agréable. 136 chambres.

71 Nyhavn Hotel
Nyhavn 71
1051 Copenhague K
Tél. 33 11 85 85
Fax 33 93 15 85
Ce charmant hôtel, situé sur le front de mer de Copenhague, est un ancien entrepôt. Les chambres y sont petites, mais elles ont gardé de nombreux éléments d'origine, tels que les poutres. (Demandez une chambre avec vue.) Le restaurant Pakhuskœlderen sert une cuisine danoise raffinée tandis que le Fyrskibet (un bateau-phare restauré et ancré devant l'hôtel) est à votre disposition pour vos soirées privées. 82 chambres, six suites.

Palace
Rådhuspladsen 57
1550 Copenhague V
Tél. 33 14 40 50
Fax 33 14 52 79
Impressionnant point de repère historique de la place de l'Hôtel de ville, le Palace a été rénové avec soin et modernisé afin de proposer une prestation de qualité. Les chambres sont spacieuses. L'hôtel dispose d'un centre de remise en forme. Son restaurant – Brasserie on the Square – sert des cuisines internationales et danoises, et dispose également d'un bar. 155 chambres, quatre suites.

The Plaza
Bernstorffsgade 4
1577 Copenhague V
Tél. 33 14 92 62
Fax 33 93 93 62
Hôtel confortable et bien équipé, avec de jolies chambres bien conçues. La décoration de tout l'établissement est superbe. Prenez une boisson à l'agréable Library Bar, regorgeant d'œuvres d'art et de vieux livres. Le restaurant Flora Danica offre des buffets de style danois. 93 chambres.

SAS Royal
Hammerichsgade 1
1611 Copenhague V
Tél. 33 14 14 12
Fax 33 14 14 21
Datant de 1960, cet hôtel moderne propose le meilleur de la tradition avant-gardiste du design danois. Le restaurant Summit, situé au 20e étage, dispose d'une vue magnifique et spectaculaire sur la ville.

Hôtels recommandés

Dans l'entrée, le Café Royal, plus simple, sert des sandwichs et des en-cas. Cet endroit est un paradis pour les hommes d'affaires et attire de nombreux touristes de juin à août. Sauna. 265 chambres.

SAS Scandinavia
Amager Boulevard 70
2300 Copenhague S
Tél. 33 11 23 24
Fax 31 57 01 93
Tout le confort et les installations habituels de cette célèbre chaîne d'hôtels. L'agréable restaurant Top of Town vous offrira une vue panoramique. Cet établissement – le plus grand de la capitale – possède une piscine couverte et un sauna. 542 chambres.

Sheraton
Vester Søgade 6, PO Box 337
1601 Copenhague V
Tél. 33 14 35 35
Fax 33 32 12 23
Bâtiment moderne de 17 étages, avec de nombreux équipements – dont un club de remise en forme et un parking. Son restaurant, le Blue Garden, propose des cuisines danoises et internationales tandis que le Café R. sert des repas légers et des en-cas. Deux bars sont à votre disposition : le Red Lion, un *pub* anglais, ainsi que l'Amphora Bar. 435 chambres, 36 suites.

MODÉRÉS

Admiral Hotel
Tolbodgade 24-28
1253 Copenhague K
Tél. 33 11 82 82
Fax 33 32 55 42
Proche du port, cet hôtel est un ancien grenier de 200 ans, confortablement aménagé. Les chambres ont conservé des poutres. Restaurant et sauna. 366 chambres.

Alexandra
HC Andersens Boulevard 8
1553 Copenhague V
Tél. 33 14 22 00
Fax 33 14 02 84
Vieil hôtel adorable, décoré avec goût, avec des chambres claires et de nombreux équipements (dont un parking souterrain). Il n'y a pas de restaurant, mais le bar sert le petit déjeuner. 63 chambres

Ascot
Studiestræde 57
1554 Copenhague V
Tél. 33 12 60 00
Fax 33 14 60 40
Situé dans un bâtiment historique, à deux pas de l'hôtel de ville, cet hôtel est garni de meubles anciens et modernes. Buffet pour le petit déjeuner et service de chambre. 140 chambres et suites, studios et appartements de grand standing.

Hôtels recommandés

Grand Hotel
Vesterbrogade 9A
1620 Copenhague V
Tél. 31 31 36 00
Fax 31 31 33 50
Ce bâtiment historique a été modernisé avec beaucoup de soin afin de conserver bon nombre de ses caractéristiques d'origine. Les chambres sont adorables et décorées avec goût. L'hôtel comprend le restaurant Oliver et le Grand Bar. 146 chambres, deux suites.

Komfort
Løngangsstræde 27
1468 Copenhague V
Tél. 33 12 65 70
Fax 33 15 28 99
Hôtel moderne et accueillant, avec des chambres claires. *Pub* anglais animé et restaurant. Parking souterrain. 202 chambres, dont deux à quatre lits et sept à trois.

Mayfair
Helgolandsgade 3
1653 Copenhague V
Tél. 31 31 48 01
Fax 31 23 96 86
Hôtel du début du siècle récemment rénové, le Mayfair dégage une ambiance confortable. Le service des chambres est excellent. Son restaurant propose un grand buffet pour le petit déjeuner. 101 chambres, dont quatre suites.

Opera
Todenskjoldsgade 15
1055 Copenhague K
Tél. 33 12 15 19
Fax 33 32 12 82
Situé à quelques pas du Théâtre danois, ce bâtiment date de 1869 et a récemment été rénové. Cet hôtel a été décoré dans un accueillant style «vieille Angleterre». Le restaurant, le Kongelige, sert des mets français, danois et italiens. C'est un des lieux de Copenhague où les comédiens aiment à se retrouver. Excellent pour les familles. (NB: L'ascenseur de cet hôtel est trop petit pour les chaises roulantes.) 87 chambres.

Hotel Triton
Helgolandsgade 7-11
1653 Copenhague V
Tél. 31 31 32 66
Fax 31 31 69 70
Hôtel confortable, à l'ouest du centre-ville. Bar. 123 chambres.

Webers
Vesterbrogade 11B
1620 Copenhague V
Tél. 31 31 14 32
Fax 31 31 14 41
Hôtel moderne meublé avec des copies de meubles anciens. Jolie cour. Le restaurant ne sert que le petit déjeuner. Bar. Centre de remise en forme. 103 chambres.

Hôtels recommandés

BON MARCHÉ

Astoria
Banegårdspladsen 4
1570 Copenhague V
Tél. 33 14 14 19
Fax 33 14 08 02
L'Astoria date de 1936 et est un excellent exemple de cubisme architectural. Il a été préservé avec soin, bien que certaines chambres aient été adaptées aux exigences actuelles. L'hôtel est parfaitement adapté aux familles. Les lits superposés sont appréciés des routards comme des familles. Superbe buffet pour le petit déjeuner. Réservations essentielles. 94 chambres.

Centrum
Helgolandsgade 14
1653 Copenhague V
Tél. 31 31 31 11
Fax 31 23 32 51
Hôtel classe économique/touriste, situé dans un quartier tranquille à l'ouest du centre-ville. Le bâtiment date de l'époque victorienne; cependant, l'hôtel a été entièrement modernisé. La moitié des chambres ont une salle de bains privée ainsi que la télévision couleurs. Les chambres économiques ne sont pas équipées de salle de bains individuelle; leurs occupants devront donc utiliser les douches communes à chaque étage. L'hôtel dispose d'un restaurant qui ne sert que le petit déjeuner. (Il sert toutefois le déjeuner et/ou le dîner aux groupes qui l'auront demandé lors de leur réservation.) 80 chambres.

Christian IV
Dronningens Tværgade 45
1302 Copenhague K
Tél. 33 32 10 44
Fax 33 32 07 06
Situé à proximité des superbes jardins royaux, cet hôtel clair est parfaitement dirigé. Les chambres sont impeccables et lumineuses, et agrémentées de meubles danois modernes. Il n'y a pas de restaurant, mais le petit déjeuner est servi dans une salle très agréable. 42 chambres.

City
Peder Skramsgade 24
1054 Copenhague K
Tél. 33 13 06 66
Fax 33 13 06 67
Installé dans une élégante maison de ville, le City dégage une atmosphère cosmopolite qui s'exprime clairement à travers son nouveau décor moderne. Le service personnalisé reste une des priorités de la direction, ce qui rend l'ambiance très amicale. Le restaurant ne sert que le petit déjeuner, mais vous y trouverez tout de même un café. 85 chambres.

Hôtels recommandés

Cosmopole
Colbjørnsensgade 5-11
1652 Copenhague V
Tél. 31 21 33 33
Fax 31 31 33 99
Excellent hôtel de classe touriste, meublé dans le style scandinave moderne. Décor et service simples et sans prétention. 208 chambres.

Danmark
Vester Voldgade 89
1552 Copenhague V
Tél. 33 11 48 06
Fax 33 14 36 30
Cet hôtel familial est très bien situé au cœur de Copenhague, près de Strøget et de Rådhuspladsen. On ne sert que le petit déjeuner (le buffet est délicieux); toutefois, des boissons sont disponibles toute la journée. Les chambres sont meublées avec goût, dans un style scandinave atténué; toutes offrent un sèche-cheveux, un téléphone et une télé. Salles de conférences et parking souterrain. 51 chambres.

Excelsior
Colbjørnsensgade 4
1652 Copenhague V
Tél. 31 24 50 85
Fax 31 24 50 87
Situé juste à l'est du centre-ville, cet hôtel offre des chambres avec téléphone, télévision et mini-bar. 95 chambres et un appartement.

Hotel Hebron
Helgolandsgade 4
1653 Copenhague V
Tél. 31 31 69 06
Fax 31 31 90 67
Cet hôtel est un havre de tranquillité au cœur de la capitale; ses chambres sont insonorisées grâce au double vitrage. Les chambres sont spacieuses, claires et bien équipées. Adapté aux familles. Le restaurant ne sert que le petit déjeuner. 112 chambres.

Kong Arthur
Nørre Søgarde 11
1370 Copenhague V
Tél. 33 11 12 12
Fax 33 32 61 30
Inauguré en 1882, ce charmant hôtel, situé à côté du lac Peblinge, a su garder une partie de son caractère d'origine. Cet établissement familial est très populaire chez les Danois aussi bien que chez les touristes, qui apprécient son accueil amical et son ambiance typiquement danoise. La salle du petit déjeuner donne sur un joli patio. Là, vous aurez le choix entre le Brøchner – avec ses plats danois et français – et le Stick'n'Sushi – qui propose des mets japonais. Bon rapport qualité-prix. Cet établissement dispose d'un sauna et de 40 places de parking gratuites. 107 chambres et sept suites.

Hôtels recommandés

Selandia
Helgolandsgade 12
1653 Copenhague V
Tél. et fax 31 31 46 10
Petit hôtel sans prétention et fonctionnel, avec des chambres confortables – la plupart disposent de salles de bains ou de douches privées. Service amical. Le restaurant ne sert que le petit déjeuner, mais des boissons sont disponibles toute la journée. 84 chambres.

Sophie Amalie Hotel
Sankt Annæ Plads 21
1250 Copenhague K
Tél. 33 13 34 00
Fax 33 11 77 07
Situé sur le front de mer et adjacent au palais Amalienborg, cet hôtel récemment réaménagé vous fournira un logement de qualité à prix raisonnable. Vue magnifique sur la nouvelle promenade du port de Copenhague et sur les édifices qui entourent Nyhavn et Amalienborg. 134 chambres.

Hotel Viking
Bredgade 65
1260 Copenhague K
Tél. 33 12 45 50
Fax 33 12 46 18
Situé sur Bredgade, autrefois à la mode, cet hôtel a une ambiance de *Bed and breakfast* anglais. Restaurant et bar. 90 chambres.

PLUS LOIN

Eremitage
Lyngby Storcenter 62
2800 Lyngby
Tél. 42 88 77 00
Fax 42 88 17 82
Un hôtel moderne situé à 10km du centre de Copenhague et à 5min à pied de la gare de Lyngby. Décor récent qui met l'accent sur les meubles scandinaves. Des œuvres danoises contemporaines décorent les murs. Chambres confortables et bien équipées. Restaurant Euro Brasserie; Euro Bar et Euro Café. Salles de conférences. Boutiques, club de golf, lacs, musées et autres attractions à proximité. Parking privé. 117 chambres et suites, ainsi que quelques appartements à une ou deux chambres.

Hellerup Parkhotel
Milnersvej 41
3400 Hillerød
Tél. 48 24 08 00
Fax 48 24 08 74
Cet hôtel de première catégorie, situé à 5km au nord du centre de Copenhague, dispose de tous les équipements – dont un centre de remise en forme. Récemment réaménagé dans un style moderne, l'établissement abrite deux restaurants: un de cuisine gastronomique et un italien. 71 chambres.

Hôtels recommandés

Hotel Hillerød
Milnersvej 41
3400 Hillerød
Tél. 48 24 08 00
Fax 48 24 08 74

Situé dans l'adorable ville de Hillerød, l'hôtel n'est qu'à 40min de train du centre de Copenhague. Très bien situé pour aller explorer les belles plages de la Seeland du Nord ou pour une excursion vers le Jütland ou la Suède. Chambres modernes, avec terrasse privée, salle de bains, toilettes et kitchenette. 61 chambres.

Marienlyst
Nordre Strandvej 2
3000 Helsingør
Tél. et fax 49 20 33 90

Parfaitement situé pour ceux qui désirent visiter Kronborg. La plupart des chambres donnent sur la mer et la plage. L'hôtel dispose d'un restaurant, d'une piscine et d'un sauna. 78 appartements.

Marina
Vedbæk Strandvej 391
2950 Vedbæk
Tél. 42 89 17 11
Fax 42 89 17 11

À mi-chemin entre Copenhague et Helsingør, cet hôtel offre une vue magnifique sur le port et, par-delà l'Øresund, sur la Suède. Les nombreux équipements modernes de l'établissement fournissent tout le confort nécessaire aux clients: un restaurant (avec animation musicale et soirées dansantes), un supermarché, un sauna, des chemins boisés pour la promenade ou le jogging, des salles de conférences, un garage et un mini-bar. 127 chambres et 13 appartements.

Hotel Prindsen
Algade 13
4000 Roskilde
Tél. 42 35 80 10
Fax 42 35 81 10

Établissement entièrement réaménagé, au cœur de la plus ancienne ville royale du Danemark, et situé à 5min de la cathédrale. Ambiance amicale et service efficace. Restaurant, bar et parking privé. Gratuit pour les enfants de moins de 12 ans dormant dans la chambre de leurs parents. 40 chambres.

Hotel Skandia
Bramstræde 3
3000 Helsingør
Tél. 49 21 09 02
Fax 49 26 54 90

Vieil hôtel familial à 2min de marche de la gare ferroviaire. Pas de télévision ni de radio dans les chambres, ce qui pourrait nuire au charme vieillot de ce petit établissement. Toutes les chambres sont joliment décorées. 43 chambres.

Restaurants recommandés

Avec plus de 2000 restaurants, offrant la cuisine de tous les pays, Copenhague est un peu le paradis des gourmets. Que vous ayez envie d'un petit café accompagné d'un *wienerbrød* ou d'un menu à cinq plats, vous n'aurez que l'embarras du choix. Le parc de Tivoli dispose à lui seul de 28 établissements de restauration, tandis que le centre Scala, tout proche, propose de nombreux bars et restaurants de toutes sortes. Pour le déjeuner, les cafés sont un bon choix car ils offrent une sélection importante de plats chauds et de *smørrebrød* à prix raisonnables. Votre dîner pourra être aussi léger ou aussi copieux que vous le désirez; de plus, de nombreux endroits proposent les traditionnels buffets à volonté danois, où vous pourrez manger tout ce que vous voulez pour un prix fixe. Tous les cafés et les restaurants ont un menu affiché à l'extérieur.

Les établissements qui figurent dans notre liste ne sont qu'un échantillon de ce que vous trouverez. Nous les avons classés en trois catégories selon les prix pratiqués: chers (plus de 300 kr), modérés (de 150 kr à 300 kr) et bon marché (moins de 150 kr). Les prix sont basés sur le coût d'un repas pour une personne, TVA comprise, mais boisson non comprise. Le vin est soumis à une taxe élevée, ce qui peut considérablement augmenter votre note. Si vous souhaitez avoir une liste à jour de tous les établissements de restauration, consultez la publication gratuite (en anglais) *Copenhagen This Week*.

CHERS

Bourgogne
Dronningens Tværgade 2
1302 Copenhague K
Tél. 33 12 03 17
Restaurant élégant qui se spécialise dans la cuisine française. Ouvert du lundi au samedi de 17h30 à minuit. Fermé le dimanche.

Cassiopeia
Gammel Kongevej 10
1610 Copenhague
Tél. 33 15 09 33
Charmant établissement situé en bordure d'un lac, dans le même complexe que le planétarium. Le restaurant sert une cuisine typiquement danoise. Ouvert tous les jours de 11h30 à 23h.

Restaurants recommandés

Divan 1
Vesterbrogade 3
1620 Copenhague V
Tél. 33 11 42 42
Un des nombreux restaurants du parc de Tivoli proposant une cuisine internationale. Ouvert de la fin avril à la mi-septembre, tous les jours de midi à minuit.

Divan 2
Vesterbrogade 3
1620 Copenhague V
Tél. 33 12 51 51
Également dans le parc de Tivoli, ce restaurant offre une cuisine gastronomique en extérieur. Ouvert de la fin avril à la mi-septembre, tous les jours, de 11h30 à minuit.

Els
Store Strandstræde 3
1255 Copenhague K
Tél. 33 14 13 41
L'élégant décor du XIXe siècle de cet agréable restaurant, situé près de Kongens Nytorv, est en accord avec sa cuisine. Spécialités de poisson; le menu change tous les jours. Réservation conseillée.

Les Étoiles
Dronningens Tværgade 43
1302 Copenhague K
Tél. 33 15 05 54
Restaurant très spacieux, servant une authentique cuisine française. Ouvert du mardi au vendredi de midi à 15h et de 18h à 22h, et le samedi de 15h à 22h. Fermé le dimanche et le lundi.

Færgen Sjælland
Christians Brygge Kajplads 114
1559 Copenhague
Tél. 33 13 43 30
Restaurant renommé, installé dans un ancien ferry amarré sur la rivière, à environ 800m de Rådhuspladsen. On vous propose, dans ses salles à manger, divers menus de cuisine internationale. Excellente liste des vins et animation. Ouvert du lundi au jeudi de midi à minuit, le vendredi jusqu'à 1h, et le samedi de 18h à 1h.

Den Gule Cottage
Strandvejen 506
2930 Klampenborg
Tél. 31 64 06 91
Cet adorable cottage avec vue sur la mer vous offrira une cuisine franco-danoise. Réservation conseillée. Ouvert tous les jours de midi à 15h30 et de 18h à minuit.

Kong Hans Kælder
Vingårdsstræde 6
1070 Copenhague K
Tél. 33 11 68 68
Restaurant de très haut niveau servant une cuisine de gourmet dans une salle avec une voûte. Les vins

Restaurants recommandés

y sont excellents, tout comme les succulentes huîtres. Réservation recommandée. Ouvert du lundi au samedi de 18h à 22h.

Krogs Fiskerestaurant
Gammel Strand 38
1202 Copenhague K
Tél. 33 15 89 15
Ce restaurant, installé dans un édifice du XVIIIe et décoré dans un style début du siècle, est renommé à juste titre pour ses succulents mets de poisson. Réservation conseillée. Ouvert du lundi au samedi de 11h30 à 15h, puis de 17h30 à 22h30. Fermé le dimanche.

Leonore Christine
Nyhavn 9
1051 Copenhague K
Tél. 33 13 50 40
Mets immanquablement raffinés et service attentionné. Ce restaurant accueille chaleureusement les visiteurs étrangers. Ouvert de midi à 15h et de 18h à minuit.

Lumskebugten
Esplanaden 21
1263 Copenhague K
Tél. 33 15 60 29
Ce petit restaurant huppé se trouve à côté du parc Churchill, non loin de la statue de la Petite Sirène. Vous pourrez y dîner en terrasse. Il est essentiel de réserver sa table à l'avance. Ouvert du lundi au vendredi de 11h à minuit, et le samedi de 16h à minuit.

Nouvelle
Gammel Strand 34
1202 Copenhague
Tél. 33 13 50 18
Doté d'une immense cave à vins, de sommeliers, d'un présentoir à caviar et d'une étoile dans le guide Michelin, ce restaurant est un endroit privilégié pour une occasion particulière. Et, évidemment pour un tel établissement, les prix sont très élevés. Réservation recommandée. Ouvert du lundi au samedi de 11h30 à minuit.

Søllerød Kro
Søllerødvej 35
2840 Holte
Tél. 42 80 25 05
Nourriture de qualité et ambiance amicale dans une agréable auberge du XVIIe siècle. Dîner en terrasse en été. Cuisine française avec une influence danoise. Ouvert tous les jours de midi à 22h.

Le Pavé
Gråbrødretorv 14
1154 Copenhague
Tél. 33 13 47 45
Cuisine française dans un décor sophistiqué. Ouvert du lundi au dimanche de 11h30 à minuit.

Restaurants recommandés

St Gertruds Kloster
Hauser Plads 32
1127 Copenhague K
Tél. 33 14 66 30
Restaurant gastronomique installé dans un ancien monastère. Bonne cave à vins et menu élégant. Réservation conseillée. Ouvert tous les jours de 17h à 23h.

MODÉRÉS

A Hereford Beefstouw
Vesterbrogade 3
1620 Copenhague V
Tél. 33 12 74 41
Steaks délicieux, à Tivoli. Ouvert tous les jours de 11h30 à 14h et de 17h à 22h. Fermé le week-end à l'heure du déjeuner.

Bali
Lille Kongensgade 4
Corner of Kongens Nytorv
Tél. 33 11 08 08
Pour une soirée exotique, goûtez au succulent *rijstaffel* indonésien ainsi qu'aux légumes et viandes délicatement épicés. Ouvert tous les jours de midi à minuit.

Copenhagen Corner
Rådhuspladsen
1550 Copenhague V
Tél. 33 91 45 45
Cet établissement prépare une excellente cuisine internationale dans une agréable atmosphère traditionnelle. Ouvert tous les jours de 11h30 à minuit.

Den Gyldne Fortun
Ved Stranden 18
1061 Copenhague K
Tél. 33 12 20 11
Important restaurant de poissons et fruits de mer. Ouvert du lundi au vendredi de midi à minuit, le week-end de 18h à 22h30.

Egoisten
Hovedvagtsgade 2
1103 Copenhague K
Tél. 33 12 79 71
Cuisine française préparée avec soin. Ouvert du lundi au samedi de midi à minuit. Fermé le dimanche.

Ginza
Gammel Kongevej 9
1610 Copenhague V
Tél. 31 23 17 46
Sushi et autres mets japonais présentés avec style. Ouvert tous les jours de midi à 15h et de 17h à 22h30. Fermé dimanche midi.

Hereford House
Dantes Plads 1
1556 Copenhague V
Tél. 33 12 70 25
Spécialités de steaks. Ouvert du lundi au vendredi de 11h à minuit, et le week-end à partir de midi.

Restaurants recommandés

Nams Kusine
Strandlinien 49
Dragør
Tél. 32 53 18 18
Un peu à l'écart, dans le paisible village de pêcheurs de Dragør, ce joli restaurant prépare des fruits de mer frais avec imagination. La soupe de poisson est succulente. Parmi les autres spécialités, dégustez le délicieux poulet rôti au feu de bois. Une vue sur la mer ajoute au plaisir. Fermé le lundi.

Peder Oxe
Gråbrødretorv 11
1154 Copenhague K
Tél. 33 11 00 77
N'hésitez pas à déguster les excellents *smørrebrød* pour le déjeuner dans ce restaurant, qui offre une ambiance très animée. Il dispose d'une cave à vins. Ouvert tous les jours de 11h30 à 12h45.

Rio Bravo
Vestervoldgade 86
1552 Copenhague V
Tél. 33 11 75 87
Restaurant raisonnable, de style western, spécialisé dans les steaks. Ici, vous pourrez vous asseoir au bar sur des selles ! Cet établissement est très populaire chez les noctambules. Ouvert du lundi au samedi de 12h30 à 4h, et le dimanche à partir de 17h.

Spinderokken
Trommesalen 5
1614 Copenhague V
Tél. 31 22 13 14
Ambiance typiquement danoise, joli décor et nourriture délicieuse se rencontrent pour rendre votre repas inoubliable. Ouvert tous les jours de 11h30 à 23h.

BON MARCHÉ

Bistro DSB
Banegårdspladsen 7
1570 Copenhague V
Tél. 33 14 12 32
Ce restaurant de la gare propose un important buffet froid et fournit une excellente introduction à la nourriture danoise. Ouvert tous les jours de 11h30 à 22h.

Bøf & Ost
Gråbrødretorv 13
1154 Copenhague K
Tél. 33 11 99 11
Mets français servis à la mode danoise. Ouvert du lundi au samedi de 11h30 à minuit.

Café Sommersko
Kronprinsessegade 6
1114 Copenhague
Tél. 33 14 81 89
Situé à côté de Strøget, ce restaurant animé mélange les clientèles. Le menu y est varié. Nombreuses

Restaurants recommandés

bières étrangères. Ouvert du lundi au mercredi de 9h à 13h, du jeudi au samedi jusqu'à 14h, et le dimanche de 10h à 1h du matin.

Dhaka Town
Torvegade 60
1400 Copenhague K
Tél. 32 96 88 01
Petit restaurant sans prétention, près de Christianshavn (bus n°s 2 ou 8 depuis Rådhuspladsen) proposant des mets du Bangladesh. Menus ou à la carte.

Færgecaféen
Strandgade 50
1401 Copenhague
Tél. 31 54 46 24
Ce restaurant, relativement difficile à trouver dans Christianshavn (bus n°s 2 et 8), vaut le déplacement. Mélange de bar et de restaurant, le «Ferry» possède beaucoup de caractère. Menus ou à la carte.

India Palace
HC Andersens Boulevard 13
1553 Copenhague V
Tél. 33 91 04 08, 33 91 44 08
Ce restaurant, situé dans un quartier agréable à seulement deux pas de Rådhuspladsen, vous offre une véritable cuisine indienne – succulente. Cet établissement propose de délicieux buffets à volonté pour le déjeuner et des buffets normaux pour le dîner, populaires et d'un excellent rapport qualité-prix. Des plats à la carte sont également disponibles. Ouvert tous les jours de 11h à minuit.

Kabul Afghansk
Studiestrade 12
1455 Copenhague K
Tél. 33 11 11 48
Ce restaurant est spécialisé dans la cuisine afghane pimentée. Il propose un buffet à volonté ainsi que des mets à la carte.

Klubben
Enghavevej 4-6
Tél. 31 24 22 56
Il vous faudra faire un petit détour, vite récompensé, pour arriver dans ce restaurant qui vous propose une sélection de plats à prix modérés, ainsi que des fameux *smørrebrød* bon marché. Ce restaurant dispose également d'un jardin et d'un petit kiosque à musique.

Københavner Caféen
Badstuestræde 10
1209 Copenhague
Tél. 33 32 80 81
Cet adorable restaurant typiquement danois, non loin de Strøget, est particulièrement recommandé si vous voulez découvrir les buffets froids danois. Ouvert tous les jours de 11h à minuit.

Restaurants recommandés

La Mexicana
Havnegade 47
1058 Copenhague K
Tél. 33 11 32 16
Retrouvez le goût de la tequila et des *tacos* au cœur du Danemark. Situé au bas de Nyhavn, ce restaurant offre des plats authentiques dans une ambiance mexicaine.

Mongolian Barbecue
Stormgade 35
Tél. 33 14 63 20
Cet établissement propose un buffet mongol d'un excellent rapport qualité-prix. Ouvert tous les jours de 16h à minuit.

Nyhavns Færgrekro
Nyhavn 5
1051 Copenhague K
Tél. 33 15 15 88
Ce restaurant sans prétention sert une cuisine traditionnelle de qualité. Pour le déjeuner, une table est dressée avec un choix généreux de poissons. Ouvert tous les jours de 11h30 à 23h30.

Pak Ka
Dronningens Tværgde 30
1302 Copenhague K
Tél. 33 15 16 07
Cuisine cantonaise dans un cadre moderne. *Dim sum* tous les jours (sauf le jeudi) de 11h à 16h. Ouvert tous les jours de 11h à minuit.

Riz Raz
Kompagnistræde 20
1208 Copenhague K
Tél. 33 15 05 75
Restaurant proposant un buffet de style moyen-oriental et offrant un choix important pour les végétariens. Ouvert tous les jours de 11h30 à minuit.

Shanghai
Nygade 6 (Strøget)
1164 Copenhague K
Tél. 33 12 10 01
Délicieuses spécialités chinoises à des prix raisonnables. Ouvert tous les jours de midi à 23h30. Un autre Shanghai se situe au Scala, Axeltorv 2, tél. 33 15 10 06.

Seoul House
Bagerstræde 9
1617 Copenhague
Tél. 31 31 96 15
Ce restaurant vous propose une cuisine coréenne dans un cadre traditionnel. Ouvert tous les jours de midi à 15h et de 18h à 22h.

Spisehuset
Rådhusstræde 13
1466 Copenhague K
Tél. 33 14 52 70
Situé à Huset, dans le bâtiment de la maison des jeunes, ce restaurant offre des plats variés. Ouvert du lundi au samedi de 17h à 1h.

Les excursions

LA SEELAND DU NORD ET SES CHÂTEAUX

De 115 à 130km de paysages marins ou campagnards, d'élégantes tourelles de châteaux et de plages vous attendent en Seeland du Nord.

Par beau temps, vous longerez, sur une route au nord de Copenhague, la «Côte d'Azur danoise» avec ses baies, villages de pêcheurs et plages. Mais si vous êtes pressé, vous pouvez emprunter l'autoroute A3 en direction d'Helsingør.

Juste au sud de Humlebæk, accessible par la A3 ou par la route côtière, ne manquez pas de vous arrêter au **musée d'art moderne Louisiana**, situé dans la maison d'un fromager du XIXe siècle, dont les trois épouses s'appelèrent Louise. Le magnifique jardin est parsemé, entre autres œuvres, de stabiles d'Alexander Calder et de belles sculptures dues à Henry Moore. Cette villa, aussi lumineuse que spacieuse, accueille une importante variété d'expositions, des gigantesques toiles de Chagall aux créations de pop art. Le musée est ouvert toute l'année de 10h à 17h du lundi au vendredi, jusqu'à 22h le mercredi et de 10h à 18h les week-ends.

Le **château d'Helsingør** – que nous connaissons mieux sous le nom d'Elseneur – est bientôt en vue. Il projette vers la Suède ses toits verts sur le bleu du Sund.

À *l'extérieur du musée Louisiana, on peut admirer d'autres œuvres ou profiter du paysage.*

Que voir

Le «château de Hamlet» est mal nommé. Si Laurence Olivier a bien tourné le film *Hamlet* sur les lieux, le prince tragique lui-même n'y est jamais venu. Shakespeare a probablement pris son nom à Amleth (ou Amled), un prince du Jütland qui vécut avant la période des Vikings.

Le vrai nom du château est Kronborg. Il fut construit entre 1574 et 1585 à la demande du roi Frédéric II, afin de prélever un droit de passage sur les nombreux bateaux qui s'engageaient dans le Sund en direction de la Baltique.

Mais en édifiant ce château fort, Frédéric II voulut aussi qu'on puisse y vivre agréablement. L'ouvrage est si bien fortifié par des remparts et des bastions que des tours décorées, de larges fenêtres et des flèches ont pu y être ajoutées. L'architecte flamand Antonius van Opbergen conçut la structure en quatre ailes, tandis que peintres, tapissiers, sculpteurs néerlandais et danois entreprenaient des travaux d'une ampleur jusqu'alors inconnue en Scandinavie.

Ce château de briques entouré de douves, restauré depuis peu et à peine meublé, est un mémorial impressionnant à Frédéric. On y sent une force royale qui pénètre jusque dans la petite **chapelle** raffinée, les longues galeries de pierre et surtout l'immense **salle du banquet** aux poutres gigantesques. Avec ses 64m de long sur 11m de large, c'est la plus grande salle de ce type en Europe du Nord, et une des plus imposantes de la Renaissance danoise. Actuellement ornés de 12 peintures allégoriques du Sund par Isaac Isaacsz, ses murs blancs étaient à l'origine couverts par 42 tapisseries du Néerlandais Hans Knieper, dépeignant les 111 rois danois qui précédèrent Frédéric II. Il ne reste aujourd'hui que 14 de ces tapisseries – dont sept accrochées dans une petite salle du château; les autres sont regroupées au Musée national de

De loin, le château de Kronborg attire l'attention; de près, il est tout simplement majestueux.

Les excursions

Que voir

Les scènes des tapisseries du château contrastent avec les paisibles cottages d'Helsingør.

Copenhague. Sous le château, vous découvrirez d'importants souterrains et des cachots; cependant, on y trouve aussi la célèbre exposition sur Holger le Danois (voir p.8).

Dans l'aile nord de ce château, le fascinant **Handels- og Søfartsmuseet** (musée du Commerce et de la Marine) expose d'anciens instruments de navigation et des souvenirs des premiers colons danois au Groenland – et ailleurs.

Le château et le musée sont ouverts tous les jours sauf le lundi, de mai à septembre de 10h à 17h; de novembre à mars de 11h à 15h; d'avril à octobre de 11h à 16h; visites guidées toutes les 30min.

Après avoir pris un rafraîchissement dans l'un des cafés de la jolie place du marché d'Helsingør (datant du XVIIIe siècle), longez la route côtière septentrionale jusqu'à Dronningmølle, qui possède l'une des plus belles plages du Kattegat, avant de revenir vers le sud en direction de Esrum, ce qui vous permettra de traverser la campagne seelandaise: chemins qui serpentent et forêts de hêtres, fermes carrées traditionnelles autour d'une cour pavée, fertiles terres cultivées longeant la route. À Esrum, suivez les flèches en direction de Jonstrup et longez l'Esrum Sø jusqu'à **Fredensborg Slot**, un superbe château construit au bord de l'eau.

Les excursions

Édifié entre 1719 et 1722, Fredensborg est un très bel exemple de style baroque italo-néerlandais; il est perché sur une colline et entouré d'un joli parc qui fit les délices du roi Frédéric V; celui-ci transforma ce pavillon de chasse en résidence d'été. Il y organisa des fêtes et fit dresser des statues de gens du peuple (chose inhabituelle à l'époque) vêtus de leurs costumes ordinaires. On peut se promener dans le parc toute l'année. Notez toutefois que les appartements royaux et le jardin privé ne sont ouverts au public qu'en l'absence de la famille royale.

Environ 9km plus loin, c'est Hillerød, et la pièce maîtresse de l'architecture danoise, la plus belle réussite monumentale de Christian IV et l'un des plus beaux châteaux de la Renaissance en Europe du Nord: **Frederiksborg Slot**. Tout de brique et de grès, il occupe trois îles. À l'époque de la monarchie absolue, tous les souverains du Danemark étaient couronnés ici.

Que voir

En 1859, un incendie détruisit l'intérieur. Vingt ans plus tard, le brasseur J. C. Jacobsen décida de faire du château un Versailles danois qui abriterait un musée de l'Histoire nationale – ce qui fut approuvé par une ordonnance royale. Maintenant, dans plus de 60 pièces, vous verrez des souvenirs de la monarchie danoise: depuis l'avènement des Oldenbourg, avec l'accession au pouvoir de Christian Ier en 1448, et depuis celui des Glucksbourg en 1863 jusqu'à nos jours.

Riddersalen (la salle des Chevaliers) et la chapelle sont les chefs-d'œuvre de Frederiksborg. L'immense salle des Chevaliers, longue de 56m, a été refaite après l'incendie de 1859, d'après d'anciens dessins: tapisseries murales et sol de marbre, auquel répond un plafond de bois sculpté.

La visite du château de Frederiksborg ne manquera pas d'intéresser les amateurs d'histoire.

Sous la salle des Chevaliers, **Slotskirken** (la chapelle) fut épargnée par les flammes et garde ses piliers dorés et sa haute nef voûtée. Vous pourrez admirer des sculptures et des ornements; des stalles de marqueterie en ébène et en bois précieux; un bel autel et une chaire d'ébène aux bas-reliefs en argent qui représentent des scènes de la Bible; et des citations bibliques gravées dans du marbre noir. L'**orgue**, un des plus beaux d'Europe, n'a presque pas changé depuis que le maître flamand Esaias Compenius le termina en 1610.

Dans les absides de cette merveilleuse chapelle, les trumeaux et les renfoncements des fenêtres sont ornés de blasons de chevaliers de l'ordre de l'Éléphant et de l'ordre de la Grand-Croix de Dannebrog. Vous y verrez des représentations de personnalités modernes telles que sir Winston Churchill et Eisenhower.

Après quelques pas dans les cours pavées et un arrêt auprès de la **fontaine de Neptune** (1620), la A5 vous ramènera à Copenhague en 32km.

Le château de Frederiksborg est ouvert tous les jours de l'année: avril de 10h à 16h; de mai à septembre de 10h à 17h; octobre de 10h à 14h; de novembre à mars de 11h à 15h. Si vous n'avez pas de voiture, vous pouvez vous y rendre par le train-S (station Hillerød). Du centre de Hillerød, le ferry de Frederiksborg fait la navette sur le lac jusqu'au château. Il existe aussi des visites organisées toute l'année à partir de Copenhague.

ROSKILDE

Avec sa cathédrale vieille de 800 ans abritant les splendides monuments funéraires de 37 monarques, avec les embarcations vikings sauvées des eaux du fjord et exposées dans un Musée maritime unique, avec ses jeunes archéologues qui accueillent les visiteurs dans un village préhistorique, Roskilde vaut bien le déplacement (30min) depuis Copenhague.

Que vous veniez en train, en bus ou en voiture, rendez-vous directement au centre de cette petite ville, toute propre, où se

Que voir

trouvent les trois fines flèches vertes que vous aperceviez depuis des kilomètres. Elles appartiennent à la **Domkirken**, cathédrale en bois érigée par Harald à la Dent Bleue, lors de sa conversion au christianisme vers l'an 1000. Dans les années 1170, le fondateur de Copenhague (l'évêque Absalon) commença à construire une cathédrale en brique et en pierre. Au cours des 300 ans qui suivirent, elle devint ce mélange romano-gothique que nous admirons aujourd'hui. Les trois célèbres flèches y furent ajoutées par Christian IV en 1635. Il y fit aussi élever sa chapelle funéraire le long du mur nord de l'église, ainsi qu'un banc royal doré caché aux regards, afin qu'il puisse, dit-on, fumer sa pipe lors du service. Presque tous les souverains danois depuis Marguerite Ire (morte en 1412) reposent ici.

Les chapelles et les sarcophages sont tous différents – une symphonie de styles. La chapelle de Frédéric V, au sud, est toute simple, avec de la peinture blanche et du marbre de Norvège; 12 tombes sont regroupées autour d'elle. Au nord, à l'opposé, la chapelle de Christian IV est caractérisée par un étonnant travail de ferronnerie datant de 1618 et une décoration intérieure exécutée tardivement, qui provient pour l'essentiel du XIXe siècle.

La nouvelle horloge, dans le mur sud-ouest de la nef, offre une note amusante; toutes les heures, saint Georges, sur son cheval, terrasse le dragon qui pousse un cri perçant, et une femme frappe quatre coups de marteau sur une petite cloche, alors qu'un homme ne heurte sa cloche qu'une seule fois.

La chapelle à proximité de la tour du nord-ouest fut inaugurée en 1985 en mémoire de Frédéric IX, roi du Danemark de 1947 à 1972, qui y repose.

Devant l'église, la traditionnelle place du marché (*Stændertorvet*) de cette vieille ville offre ses terrasses de cafés et, le mercredi et le samedi matin, ses étals de fleurs, de fruits et de légumes. Le samedi a lieu un marché aux puces. Derrière l'église, un parc descend vers le fjord et **Vikingeskibshallen** (musée des Bateaux vikings).

Les excursions

Au XIe siècle, lorsque les Danois voulurent couper la route de Roskilde aux dévastations norvégiennes, ils coulèrent cinq bateaux à l'entrée du fjord. Ces bateaux, très bien restaurés en 1962, sont le principal centre d'intérêt de cet intéressant musée situé au bord de l'eau; un des murs de ce dernier est entièrement vitré pour que le fjord soit présent. La forme des navires a été reconstituée en métal et chaque morceau de bois a été remis en place après avoir subi un traitement chimique.

Le musée contient une foule de photographies et de cartes marines. Un film, projeté dans la cave, retrace l'histoire du renflouage des bateaux.

Roskilde est en outre une ville dynamique avec, l'été, un

Renfloués du fond de la mer, ces bateaux vikings font aujourd'hui l'objet de soins particuliers près de Roskilde, où ils furent découverts.

L'impressionnante cathédrale de Roskilde est visible des kilomètres à la ronde.

théâtre de plein air et de belles promenades en bateau sur le fjord, des concerts et des concours agricoles, des feux de joie et des feux d'artifice. Si vous prenez le train, demandez à la gare de Copenhague le billet spécial pour Roskilde (*Roskilde særtilbud*), qui comprend le voyage aller-retour et l'entrée à la cathédrale et au musée des Bateaux vikings.

À environ 10km au sud-est de Roskilde, en passant par Lejre, se trouve le centre de fouilles archéologiques et historiques d'**Oldtidsbyen** (l'ancienne ville). C'est ici qu'un groupe de personnes vit à l'âge de fer, dans des maisons faites d'argile et de roseaux qui ressemblent à une meute de chiens hirsutes; elles mènent à bien une longue mission scientifique qui a pour but d'étudier les différents effets sur l'environnement de l'utilisation d'outils par l'homme primitif – ou comment ses besoins et son style de vie détruisirent et modifièrent le potentiel naturel, comment les forêts et la vie sauvage disparurent, etc.

Environ 80 000 visiteurs se rendent à Lejre chaque année pour découvrir la ferme, les ateliers et le film et, bien sûr, pour jeter un œil aux maisons préhistoriques enfumées et au mode de vie primitif.

Le village est ouvert tous les jours d'avril à septembre, de 10h à 17h; fermé en hiver.

Que faire

Vos achats

Faire ses achats à Copenhague est une expérience de qualité. Ses zones piétonnes et ses parcs ajoutent au plaisir procuré par la poursuite de l'objet idéal. Une foule de magasins disposant des articles qui vont des meubles d'avant-garde aux antiquités se trouvent le long des galeries marchandes et des rues donnant sur Strøget. Les grands magasins tels Illum et le Magasin du Nord offrent le meilleur du «design» danois.

HORAIRES

En général, tous les magasins ouvrent du lundi au vendredi de 9h30 ou 10h à 17h30. Ils restent ouverts jusqu'à 19h le vendredi – et parfois le jeudi. Quelques magasins (souvent d'alimentation) sont fermés le lundi ou le mardi; le samedi, ils sont ouverts de 9h à midi ou 14h, sauf le premier samedi du mois où ils ferment à 17h.

Des boutiques, telles que les boulangeries, les fleuristes, les échoppes à *smørrebrød* et bonbons, ainsi que les kiosques, ouvrent plus longtemps.

À la gare centrale, les boutiques restent ouvertes jusqu'à 22h ou minuit (même le dimanche). C'est un endroit vivant avec un talon-minute, un supermarché, un guichet de réservation hôtelière, un bureau de change, des banques, une poste et des snack-bars.

Au centre, des magasins, signalés par l'affichette *dag og nat shop*, sont ouverts 24h/24 et offrent pain, nourriture et boissons dès 3h du matin.

OÙ ACHETER

Le réseau de rues piétonnières de Strøget/Fiolstræde/Købmagergade vous propose tout ce que vous pouvez désirer: les plus belles boutiques de céramique et d'argenterie, les plus beaux magasins de décoration de la planète, les plus grands fourreurs de Copenhague, des dizaines d'antiquaires et d'artisans, ainsi que des magasins de laine, jouets et souvenirs.

Que faire

Un peu excentrées – sauf si vous vous rendez à Amalienborg et l'église de marbre –, Bredgade et Store Kongensgade regorgent aussi de boutiques et de commerces.

La TVA, appelée MOMS au Danemark, est de 25% sur tous les produits et services. Elle sera remboursée aux visiteurs qui auront effectué des achats supérieurs à 600 kr dans les boutiques portant un autocollant «*Tax-free Shopping*». Adressez-vous dans ces boutiques (voir aussi p.116).

LES BONNES AFFAIRES

Ambre. Les bijoux d'ambre inondent littéralement les boutiques de Strøget. La «pierre» locale – en fait de la résine fossilisée – provient de la Baltique méridionale; et vous la trouverez sûrement à meilleur marché que chez vous.

Ameublement. Les meubles comptent parmi les plus beaux du monde. C'est plus le créateur que la fabrique qui signe un objet. Les meubles font la fierté des Danois, et les belles pièces portent l'estampille *Danish Furniture Marker's Control* (Contrôle des fabricants de meubles danois). Les tapis tissés à la main, les lampes et les tissus d'ameublement sont confectionnés avec amour. Les meilleurs magasins sont Illums Bolighus, dans Strøget, et Tre Falke Møbler, au Falkoner Centre de Falkoner Allé. Recherchez aussi les couettes et les édredons traditionnels. Dans Strøget Arcade, près de Vimmelskaftet, Ofelia dispose d'un excellent choix.

Antiquités. Vous trouverez de nombreux objets généralement simples et assez peu de pièces de style. Rendez-vous d'abord dans les boutiques qui se sont installées dans la vieille ville.

Aquavit (*akvavit*). L'eau-de-vie locale, en général parfumée au cumin, est bien moins

Le travail de la porcelaine requiert finesse et patience. Il n'y a pas deux pièces identiques !

chère que les alcools importés. Si vous voyagez par avion, achetez-la de préférence hors taxe, à l'aéroport.

Argenterie. C'est une autre spécialité danoise. Là domine le nom de Georg Jensen. L'argent vendu au Danemark est poinçonné. La boutique Jensen, Amagertorv 4, propose diverses créations, du porte-clé à la joaillerie précieuse.

Hi-fi. Vous trouverez les tout derniers produits – lecteurs de CD, postes de radio et de télévision – au Bang & Olufsen Center, Østergade 3-5, près de Kongens Nytorv.

Jouets. Ceux-ci sont à la fois simples et beaux, surtout ceux en bois – trains, bateaux, etc. Vous trouverez des centaines de soldats de toutes les tailles. Nombre de magasins, tel Krea, ont une section éducative pour les enfants de tous âges.

Lainages. Les pulls nordiques sont hauts en couleur, chauds, mais assez onéreux. Les magasins spécialisés sont dispersés

une première cuisson rapide, puis remises au four à 1500° pour le vernissage final. Il n'y a donc pas deux pièces exactement semblables. Vous trouverez de tout – du cendrier au service de table –, à des prix naturellement variables.

Les céramiques stylisées de l'artiste danois contemporain Bjørn Wiinblad sont très populaires. On trouve des objets d'avant-garde ou de conception européenne classique au Rosenthal Studio-Haus, situé Frederiksberggade 21, près de Rådhuspladsen.

dans la ville; certains vendent de la laine et des modèles pour ceux qui aiment tricoter.

Porcelaine. Le secret de son effet poétique provient de la technique de glaçage que seuls la Manufacture royale de porcelaine (fondée en 1775) et Bing & Grøndahl (1853) partagent; elle permet d'obtenir des tons pastel et même la couleur de la peau. Les bleus sont particulièrement beaux. Toutes les pièces de ces compagnies sont peintes à la main après

Souvenirs. Vous en trouverez des centaines: petites sirènes, poupées de Copenhague avec une coiffe de dentelle bleue et une jupe à fanfreluches, figurines et animaux. Vikings et trolls faits de céramique bleue abondent, tout comme les cuillères, poivrières et présentoirs peints à la main. Une étagère Amager, constituée de trois ou quatre petites étagères, peintes à la main, assemblées dans un cadre triangulaire, sera un joli souvenir, mais méfiez-vous de celles un peu trop bon marché.

Les loisirs

Verrerie et acier. Les objets en verre et les articles ménagers en acier sont de très bons achats – si vous appréciez les produits qui allient esthétique et qualité. Le verre soufflé à la bouche est très courant, et vous verrez des artisans créer des œuvres magnifiques et colorées au Hinz/Kjær Glasdesign, dans Pistolstræde.

Les loisirs

À Copenhague, relaxez-vous comme les Danois: louez une bicyclette pour vous promener dans les forêts de hêtres et les parcs, puis passez une soirée au concert ou dans un club de jazz – ou asseyez-vous simplement sur un banc public pour déguster un en-cas.

Bicyclette. Certains hôtels en prêtent. Dans le cas contraire, vous pourrez très facilement en louer une (voir p.130). Empruntez le réseau de pistes cyclables (*cykelsti*) sans crainte des voitures ou du temps – s'il se met à pleuvoir, les cars de campagne transporteront votre vélo. Les taxis sont aussi équipés de galeries de toit.

Cafés. C'est une expérience unique au sein d'une ambiance détendue et accueillante. Restez attablé aussi longtemps que vous le souhaitez pour déguster un café ou une bière, admirer le décor excentrique ou rencontrer des Danois. On trouve des bars sympathiques près de l'université.

En vitrine ou dans la rue... La musique est toujours reine dans la capitale danoise.

Au Théâtre royal, des billets de dernière minute se vendent à moitié prix.

Jardin botanique. Tous les passionnés de jardinage pourraient facilement passer deux ou trois jours à examiner les 70 parterres et les serres du Botanisk Have, couvrant 10ha, juste en face du château de Rosenborg. Il reste ouvert toute l'année jusqu'au coucher du soleil. Pour y aller, prenez le bus n° 14 depuis Rådhuspladsen, ou encore les n°s 7 et 17 depuis Kongens Nytorv.

Plage. La plage de Bellevue est à seulement 20min par le train-S (ligne C), direction Klampenborg – il est facile de faire partie de l'exode danois lors d'une journée ensoleillée.

LA VIE NOCTURNE

Musique, opéra et ballet. Des concerts ont lieu toute l'année au Théâtre royal, à Tivoli, à la Maison de la radio, au conservatoire royal de musique et dans les églises. La célébrité du Ballet royal danois, un des plus anciens d'Europe, est justifiée – son répertoire couvre 200 ans; il donne également des représentations de danse moderne. Essayez de voir un ballet dans la tradition classique de Bournonville. Le Ballet se produit de septembre à juin seulement.

Jazz, folk et rock. On considère Copenhague comme la première ville d'Europe pour le jazz. Certains clubs – parmi les principaux – reçoivent des orchestres de jazz jusqu'à 2h du matin et même plus tard. Beaucoup de stars étrangères vivent ici et se produisent dans les clubs de grande importance tels que le Club Montmartre, à Nørregade. On peut écouter du *free jazz* dans les petits bars. Quatre rendez-vous folks sont situés près de l'université. Des concerts rock ont souvent lieu (concerts gratuits le dimanche, en été, au parc Fælled).

Les festivals

Le Danemark n'a pas de grandes célébrations religieuses et peu de cérémonies d'État. Cependant, il se déroule toujours une fête quelque part. Consultez le *Copenhagen This Week*. Le résumé suivant donne un avant-goût de ce qui vous attend:

Veille de la Saint-Jean. *Sankt Hansaften* (23 juin). Des feux d'artifice sont allumés le long de la côte nord de Copenhague afin d'éloigner les sorcières chevauchant leur balai vers Blocksberg, en Allemagne.

Festival viking. *Vikingespil* (mi-juin à début juillet). Pièces, hydromel et barbecues à Frederikssund (visites en bus).

Festival d'été de Copenhague. Concerts pop et musique de chambre dans différentes parties de la ville. Entrée gratuite.

Festival de Roskilde (fin juin à début juillet). Le plus grand festival pop, jazz et rock d'Europe du Nord.

Festival de jazz de Copenhague (mi-juillet).

Festival des chorales de Copenhague (fin octobre).

Que faire

En Technicolor ! La façade de l'un des nombreux complexes de cinéma de la ville.

Night-clubs. Demandez au réceptionniste de l'hôtel si vous voulez éviter (ou rechercher) les clubs spécialisés dans les filles plutôt que les spectacles.

Discothèques. Prenez votre carte de membre à l'entrée. On trouve des discothèques de tous genres à Copenhague.

Cinémas. Tous les films sont projetés en version originale sous-titrée en danois.

Sex clubs (cinémas). Les célèbres temples du sexe, qui choquaient jadis les visiteurs sur Strøget, se sont faits plus discrets en s'installant sur Istedgade/Halmtorvet, à l'ouest de la gare centrale.

Dans les foyers. Si vous avez la chance d'être invité chez des Danois, sautez sur l'occasion: les Danois adorent recevoir et ils déploient tous leurs efforts pour créer un intérieur très confortable et élégant pour leurs hôtes.

Les sports

Copenhague ne manque pas de possibilités. Le football attire le plus de spectateurs; la voile et la pêche rassemblent le plus de participants. Pour tous renseignements, contactez l'office du tourisme (voir p.132), ou bien adressez-vous au centre sportif de Copenhague (Idrættens Hus, tél. 42 45 55 55).

Aviron. Ce sport est très pratiqué, et Copenhague dispose d'un parcours olympique et de

Les sports

nombreux clubs. Pour toute information, contactez l'association danoise d'aviron (Dansk Forening for Rosport), située au Vester Voldgade 91, 1552 Copenhague V.

Courses de chevaux. Elles se déroulent à Klampenborg; le champ de courses (*galopbane*) ouvre le samedi de la mi-avril à la mi-décembre. Prenez le train-S jusqu'à Klampenborg puis le bus n° 160.

Équitation. La promenade du Parc aux cerfs est très belle. Des écuries et des clubs se sont installés dans le coin – consultez l'annuaire du téléphone (*fagbog*) sous la rubrique *Rideundervisning*.

Football. Les équipes sont de haut niveau, et ce sport est très suivi. Des rencontres amateurs ont lieu tous les week-ends d'avril à juin et d'août à novembre, et parfois en semaine

Petit briefing avant de partir à la découverte de la ville.

en mai, juin et septembre. Le principal stade de Copenhague est l'Idrætsparken.

Golf. Il y a plus de 30 clubs au Danemark, dont 8 à 40km de Copenhague; le plus proche se trouve à Klampenborg dans Dyrehaven 2, tél. 31 63 04 83. Les tarifs sont abordables dans tout le pays, et les étrangers sont les bienvenus.

Natation. Vous pouvez nager dans la mer en Seeland – le long des côtes, au nord comme au sud de Copenhague –, mais l'eau est froide. Le naturisme est surtout pratiqué à Tisvildeleje, à l'intérieur de la côte nord. Copenhague est dotée d'une dizaine de piscines couvertes, certaines avec massages, sauna et gymnase, et de quelques piscines en plein air (de la mi-mai à la fin août).

Patinage. Beaucoup de plans d'eau gèlent en hiver. Il y a une patinoire couverte (*skøjtehal*) au forum de Copenhague et plusieurs en banlieue – ouvertes d'octobre à avril.

Pêche. Si le Jütland est un paradis pour la pêche en mer, l'Øresund – Amager et la côte au nord de Copenhague – n'en

Les sports

est pas moins poissonneuse. Vous y ferrerez de la morue, du maquereau et des poissons plats. On peut pêcher en eau douce sans permis. Vous pouvez louer un bateau aux lacs Lyngby, Bagsværd et Furesø, au nord-ouest de la capitale.

Saut à l'élastique. Cette activité téméraire a récemment pris son envol au niveau international; on peut la pratiquer dans le port de Copenhague.

Sports nautiques. Le ski nautique est populaire sur le Furesø. Vous pourrez faire de la planche à voile au port de Vedbæk; l'école de planche à voile de Vedbæk, tél. 45 76 74 05, loue des planches; ou rendez-vous à l'office du tourisme.

Tennis. Les clubs locaux proposent des cartes provisoires; les joueurs étrangers sont les bienvenus. Il est conseillé de réserver son court. L'office du tourisme vous fournira toutes les adresses nécessaires.

Voile. Allez sur le Sund et sur les lacs pour y louer yachts et voiliers. Dans l'Øresund, on vous demandera de prouver votre qualification, et vous devrez faire attention aux ferries. Réservez à l'avance par l'intermédiaire de l'office du tourisme danois de votre pays.

Entraînement sur la rivière; une passionnée du saut à l'élastique attend son tour dans le port.

Que faire

Pour les enfants

Cirque. Presque en face de Tivoli, en prenant Axeltorv, ce célèbre cirque, fondé en 1887, a été classé comme le meilleur d'Europe quatre années consécutives. Représentations tous les soirs de mai à octobre.

Dyrehaven. À proximité de la gare pour la plage de Bellevue, vous trouverez l'entrée du célèbre Parc royal aux cerfs – qui s'étend sur des kilomètres –, ouvert à tous. N'hésitez pas à prendre une calèche pour le parcourir et avoir la chance d'assister au repas des cerfs; mettez-vous d'accord sur le prix avant le départ.

Musées et attractions. Sans aucun doute, les enfants préféreront le **Ripley's Believe it or Not!**, à Rådhuspladsen 57, qui offre des expositions hétéroclites – dont une tête réduite – sur le thème «Bizarre, mais vrai». Le planétarium **Tycho Brahe**, Gammel Kongevej 10, dispose d'un théâtre spatial et d'une boutique aux étoiles. Vous pouvez également vous rendre au centre scientifique **Ecksperimentarium**, Tuborg Havnevej 7, Hellerup, qui encourage des enfants à participer aux expositions. Pour sa part, l'**aquarium**, Charlottenlund, contient plus de 3000 espèces de vie aquatique, dont les fameux piranhas.

Parcs d'attractions. Celui de Tivoli plaira à toute la famille, mais celui de **Bakken**, situé à 10km au nord de Copenhague, près du Parc aux cerfs, est fait pour les enfants. Plus ancien que Tivoli, il est plus traditionnel; il offre des miroirs déformants, des montagnes russes, un cirque, une fête foraine, des autos tamponneuses, une aire de jeux pour enfants (*børneleplads*), une grande halle à bière et des endroits pour se restaurer. Profitez-en pour déguster des *æbleskiver som vor mor bager dem* (beignets de pommes). Ce parc est ouvert tout l'été; entrée gratuite.

Visites guidées. En général, les activités liées à l'eau attirent les jeunes; ne manquez donc pas de faire une croisière

*P*our les adultes comme pour les enfants, l'extraordinaire monde miniature de Legoland constitue depuis toujours une attraction populaire.

sur les canaux, ou bien de vous rendre en voilier de Roskilde à Copenhague. Si vous désirez faire une excursion un peu plus longue, vous pouvez vous rendre à **Legoland**, dans le Jütland, en autocar; et en train à **Fantasy World**, en Seeland méridionale, où vous pourrez rencontrer le père Noël. Pour plus de renseignements, contactez l'office du tourisme.

Zoo. Le Zoologisk Have de Copenhague, âgé de 120 ans, est l'un des plus beaux d'Europe. Il abrite 2500 animaux, une section spéciale pour enfants, un restaurant et une cafétéria. Le zoo est ouvert toute l'année de 9h au coucher du soleil (ou au plus tard 18h). Il se trouve à Roskildevej 32, à 10min en autobus (n°s 28 et 41) depuis Rådhuspladsen.

Les plaisirs de la table

À Copenhague, la nourriture est prise très au sérieux et sa qualité le prouve. Le Danois consacrera facilement 2h à son *frokost* (déjeuner), voire 4h s'il a des invités; quant au *middag* (dîner), il peut commencer à 18h et durer indéfiniment.

Les restaurants et bars

Copenhague compte plus de 2000 restaurants, cafés, bars et snack-bars. Dans les restaurants, en plus de la carte, on propose très souvent un plat du jour (*dagens ret*) et le «Danmenu» – un déjeuner ou dîner danois à prix fixe (deux plats). La *daglig kort* (carte du jour) propose en général des plats moins onéreux que ceux de la carte permanente (*spisekort*). Recherchez les charmantes petites caves «rétro» répertoriées dans *Copenhagen This Week*, ouvertes à midi uniquement. Fréquentées des Danois, elles sont parfaitement abordables. Hors de la ville, une auberge (*kro*) est un endroit charmant – mais un peu cher – pour des occasions particulières.

Pour un apéritif (ou encore pour étancher votre soif à toute heure du jour ou de la nuit, les heures d'ouverture étant particulièrement élastiques), entrez dans un café, un *pub* ou un bar. Le *værtshus* – le débit de boissons traditionnel danois – peut être propre ou en mauvais état; cela dépendra du quartier.

La TVA et le service sont automatiquement inclus dans l'addition. En règle générale, les Danois ne donnent pas de pourboire, mais rien ne vous empêche d'arrondir la note.

Le petit déjeuner

Dans un hôtel danois, le petit déjeuner traditionnel (*morgenmad*) n'est rien de moins que pantagruélique, puisque l'on vous sert aussi bien des petits pains que de la viande, du fromage, de la confiture, des pâtisseries et peut-être même un œuf. Le tout est arrosé d'un verre de lait ou d'un jus de fruit, suivi de thé ou de café.

Les plaisirs de la table

Les plats froids

C'est la spécialité du Danemark et vous devrez apprendre à l'apprécier. Les *smørrebrød* sont des tranches de pain blanc ou de seigle, largement beurrées et garnies selon le cas de veau (*kalvekød*), steak tartare (*bøf tartar*), œufs de cabillaud (*torskerogn*), crevettes (*rejer*), saumon (*laks*), pâté de foie (*leverpostej*), rosbif (*roast beef*), hareng (*sild*), jambon (*skinke*), anguille fumée (*røget ål*), salade (*salat*) ou fromage (*ost*).

On ajoute ensuite ce qu'il faut de condiment pour en améliorer le goût et l'apparence. Les plus grands restaurants offrent des dizaines de variétés de *smørrebrød* différents. Généralement, vous cocherez votre sélection sur le menu, sans oublier de choisir le type de pain que vous désirez (*franskbrød*,

L'après-midi avance tandis que le déjeuner suit son cours dans une auberge du parc de Tivoli.

Les plaisirs de la table

Skål !... et tak !

Apprenez à dire «*skål*» (le å se prononce «o») avec votre bière ou votre aquavit. Plus qu'un toast, c'est un rituel des foyers danois. C'est à votre hôte que reviendra l'honneur de commencer: levant son verre et regardant chaque convive à tour de rôle dans les yeux, il leur dira «*skål*». Puis, lorsque chacun aura bu une gorgée, votre hôte refera de la même façon le tour des convives avant de reposer son verre.

Après le repas, la formule traditionnelle à ne pas oublier est «*tak for mad*» (qui se prononce «tac for maad»). Cette expression veut simplement dire «merci pour le repas».

---

blanc; *knækbrød*, croustillant; *pumpernikkel*, noir; *rugbrød*, seigle). Avec deux ou trois de ces «tartines», vous serez rassasié. Mais afin de vous mettre encore plus l'eau à la bouche, sachez qu'un restaurant de Copenhague propose 178 variétés de *smørrebrød*.

Ne confondez pas *smørrebrød* avec *smörgåsbord* – le mot suédois qui signifie buffet froid –, ce qui se dit *koldt bord* («table froide») en danois. Les grands restaurants, notamment, offrent un large éventail de plats dans leur *koldt bord*. Pour un prix fixe, vous prenez tout ce qui vous tente sur la table: harengs, fruits de mer, salades à la mayonnaise, pâté de foie, jambon et viandes diverses, etc. Comme son nom ne l'indique pas, un *koldt bord* comprend toujours quelques plats chauds; les boulettes de viande, les saucisses, la soupe ou les frites sont les plus fréquents; en outre, vous aurez le choix entre diverses sortes de pain et des salades variées.

En platte est une version simplifiée du *koldt bord*, constitué de six ou huit spécialités et proposé pour le déjeuner. L'aquavit (voir p.110), comme la bière, accompagne très bien le *koldt bord*.

Les plaisirs de la table

Les poissons et les fruits de mer

Le poisson (ou des canapés) est l'entrée traditionnelle d'un repas. Mais il peut également constituer le plat de résistance. Les poissons proposés sur les menus danois sont variés. Le **hareng** est très apprécié; on le sert macéré dans le vinaigre, mariné ou frit, avec une sauce au xérès, au vinaigre, au curry ou au fenouil. Les **crevettes** rouges du Groenland sont succulentes. Les homards (chers), crabes, morues et flétans apparaissent sur nombre de menus.

La **plie** est souvent utilisée dans la cuisine locale; on la sert bouillie ou frite avec une garniture de fruits de mer ou de persil. Vous verrez le *rødspætte* (carrelet tacheté) à tous les menus. En été, on apprécie les *danske rejer*, petites crevettes roses de la région, empilées sur du pain blanc.

L'**anguille** est une spécialité hivernale. On la sert généralement frite, accompagnée d'une sauce blanche, de pommes de terre bouillies et de tranches de citron. L'anguille salée peut être bouillie et servie avec une sauce au raifort.

Le **gravad laks** est un mets scandinave succulent. Ce saumon cru est imprégné de sel et d'un peu de sucre, puis est largement saupoudré d'aneth haché. On le sert accompagné

Dans ce restaurant de la capitale, crevettes et vues s'apprécient en même temps.

Les plaisirs de la table

d'une sauce froide à l'huile, à la moutarde et au sucre.

Les meilleurs restaurants de poissons de Copenhague sont regroupés dans le quartier de Gammel Strand.

Un café pittoresque sur Kongens Nytorv, non loin du Théâtre royal et de Nyhavn.

La viande et la volaille

Les viandes traditionnelles danoises sont le **porc** et le **veau**, mais, depuis quelques années, le **bœuf** arrive en force après qu'il eut été introduit dans les fermes danoises. L'**agneau** danois, pour sa part, est disponible de mai à septembre. Vous trouverez surtout du *fransk bøf* – ce qui veut dire un bifteck maître d'hôtel avec des frites – et du *engelsk bøf*, un steak accompagné d'oignons frits et de pommes de terre.

Les grands restaurants font de la cuisine française, les établissements plus modestes des plats chauds typiquement danois; le *mørbradbøf* – grillade de longe de porc servie avec des oignons, une sauce et des pommes de terre bouillies – date de l'époque où le porc était encore la viande la plus consommée dans le pays.

Pour des mets plus courants, mais néanmoins délicieux, goûtez les boulettes de viande (*frikadeller*), un mélange de porc et de veau émincés, fréquemment servies avec une salade de pommes de terre et du chou rouge. Le *biksemad*, un hachis de viande, de pommes de terre et d'oignons, recouvert d'un œuf frit, est bon marché et appétissant. Le *pariserbøf* est un steak haché à peine cuit avec un jaune d'œuf cru, des câpres et des oignons crus et une sauce au raifort; et le *hakkebøf* est le hamburger danois. Le *hvids labskovs* est un copieux ragoût à base de bœuf bouilli et de pommes de terre, de maïs et de laurier.

Le **poulet** est le plus souvent servi rôti avec une salade de concombre (*agurkesalat*) et des pommes de terre revenues au beurre. La **dinde** est rarement présente sur les menus danois; on la trouve rôtie ou bien bouillie. Le **canard** rôti, quant à lui, est succulent; il est préparé avec une farce à base de pommes ou de pruneaux, et on le sert alors accompagné de pommes de terre caramélisées et de légumes.

Les salades

Salat sur un menu peut vouloir dire deux choses – soit de la laitue, de la tomate, de l'œuf dur et du poivron rouge, soit une sorte de sauce mayonnaise agrémentée de façons diverses et servie sur un *smørrebrød* ou en tant qu'accompagnement à l'apéritif. L'*Italiensk salat* est un mélange de dés de carottes, d'asperges, de petits pois et de macaroni. La *sildesalat* comprend du hareng macéré dans du vinaigre ou mariné, des betteraves, des pommes et des cornichons; la *skinkesalat* est principalement composée de morceaux de jambon. Ces salades sont les plus répandues, mais vous pourrez en découvrir bien d'autres.

Les fromages et fruits

Le bleu danois (*Danablu*) est un fromage riche et à la saveur franche, connu dans le monde entier. Le *mycella* est similaire mais plus doux. Le *fynbo* et le *samsø* sont des fromages doux à pâte dure, avec un petit goût de noisette.

Les fruits sont servis après le fromage. Le Danemark importe la plupart de ses fruits; cependant, on y produit une grande variété de baies.

Les desserts

Oubliez votre ligne ! De toute façon, dès que vous aurez vu les desserts danois, vos meilleures intentions s'envoleront. Tous les desserts déborderont de crème fraîche (*fløde*) ou de chantilly (*flødeskum*).

L'*æblekage* (pommes cuites avec de la vanille entre des couches de biscuit émietté, le tout recouvert de chantilly) et le *bondepige med slør* (miettes de pain de seigle mêlées à de la compote de pommes, le tout recouvert de chantilly) figurent parmi les desserts les plus populaires de la région.

Les en-cas

Si vous appréciez les en-cas originaux, goûtez au camembert frit avec de la confiture de fraise (*ristet franskbrø med friturestegt camembert og jordbærsyltetøj*).

Dans le quartier de l'université, vous trouverez des plats économiques: poulet, hachis, goulasch et *håndmadder* (trois minces *smørrebrød* avec des garnitures différentes). Partout des stands de hot dogs vous serviront des saucisses rouges (*pølse*) avec de la moutarde et autres condiments.

Étrangement, les délicieuses pâtisseries sont appelées viennoises (*wienerbrød*). Les *konditori* proposent ces délices légers et feuilletés; ce sont des en-cas idéaux en milieu de matinée ou d'après-midi – si vous ne comptez pas les calories !

Les boissons

La **bière blonde** danoise se présente sous les formes diverses, de la *lys pilsner* (bière légère) comptant seulement 2° d'alcool, jusqu'aux bières spéciales (telles que l'*elefantøl*) à 6 ou 7° ou plus, en passant par la bouteille verte de la *pilsner* normale – que l'on trouve partout quasiment 24h/24. Les bières coûtent environ trois à quatre fois plus cher dans les cafés que dans les magasins. Moins populaire, la bière pression (*fadøl*) est moins gazeuse et meilleur marché.

L'aquavit (*akvavit*) est un redoutable schnaps danois, à base de pommes de terre. Elle a souvent le goût du cumin et accompagne les repas – l'entrée au poisson et le fromage. Ne vous laissez pas aller, ou il vous faudra avaler l'amer *Gammel Dansk* pour enrayer votre gueule de bois. Si vous commandez de l'*akvavit* avec votre repas, on mettra souvent la bouteille sur votre table et vous paierez selon le nombre de mesures consommées; et le barman ne se trompera pas.

La **bière sans alcool** connaît un succès croissant. Elle ressemble à la *pilsner* et coûte le même prix.

Tous les **vins** sont importés. Malgré un choix important de variétés françaises, allemandes et italiennes, ils restent chers dans les restaurants. Même le vin ordinaire (*husets vin*) vous coûtera trois fois plus au restaurant que dans un supermarché. Après le dîner, pour le digestif, offrez-vous donc un verre de la célèbre liqueur danoise *Cherry Heering*.

Le **café** (*kaffe*) est bon et fort; il est servi avec de la crème. Il peut vous sembler cher, mais on remplira votre tasse plusieurs fois. S'il fait froid, pourquoi ne pas déguster un *varm kakao med flødeskum* – un chocolat chaud avec de la crème fouettée ?

Bières, bouteilles et canettes

La bière, ou *øl* (la pression s'appelle *fadøl*), est assez chère au Danemark, mais elle est meilleure marché dans un point de vente. En général, les supermarchés et autres magasins sont ouverts jusqu'à 17h30 en semaine et 14h le samedi; certains petits magasins ouvrent jusqu'à 20 ou 21h en semaine. Il est illégal de vendre de l'alcool en dehors de ces heures, le dimanche et les jours fériés, mais de nombreux magasins enfreignent la loi. Pour respecter l'environnement, les canettes ne sont pas utilisées. Toutes les bouteilles font l'objet d'une consigne, récupérable dans n'importe quel magasin.

Les plaisirs de la table

Pour vous aider à commander...

Pourrions-nous avoir une table ?	**Må vi få et bord ?**		
Avez-vous un menu à prix fixe ?	**Har De en dagens ret ?**		
Je voudrais un/une/des…	**Jeg vil gerne have…**		
bière	**en øl**	poivre	**peber**
café	**kaffe**	pommes de terre	**kartofler**
crème glacée	**is**	salade	**en salat**
dessert	**en dessert**	sel	**salt**
eau (glacée)	**(is) vand**	soupe	**suppe**
lait	**mælk**	sucre	**sukker**
légumes	**grønsager**	thé	**te**
menu	**et spisekort**	verre	**et glas**
moutarde	**sennep**	viande	**kød**
pain	**brød**	vin	**vin**
poisson	**fisk**		

...et pour lire le menu

agurkesalat	salade de concombre	**lever**	foie
blomkål	chou-fleur	**løg**	oignon
flæskesteg	rôti de porc	**medisterpølse**	saucisse
grøn peber	poivron vert	**nyrer**	rognon
grønne bønner	haricots verts	**oksekød**	bœuf
gulerødder	carotte	**porre**	poireau
hamburgerryg	longe de porc	**rejer**	crevettes
hindbær	framboises	**rødkål**	chou rouge
jordbær	fraises	**svinekød**	porc
kartoffelmos	purée	**søtunge**	sole
kirsebær	cerises	**æble**	pomme
kylling	poulet	**æg**	œuf
kål	chou	**æggekage**	omelette
lagkage	gâteau à la crème	**ørred**	truite
		ål	anguille

BERLITZ-INFO

Informations pratiques classées de A à Z

> La plupart des entrées sont suivies d'une traduction en danois au singulier. Ce vocabulaire vous sera utile lors de votre séjour pour obtenir des renseignements ou de l'aide.

A

AÉROPORT (*lufthavn*)

L'aéroport de Copenhague, très actif, est situé à 10km du centre-ville. C'est souvent là que les voyageurs venus des États-Unis, du Japon, d'Australie et de nombreux pays d'Extrême-Orient ou d'Afrique abordent l'Europe. Environ 40 lignes aériennes le desservent. Les lignes intérieures danoises relient également l'aéroport de Copenhague au Jütland et aux îles de Fionie et de Bornholm, et de nombreux vols sont prévus pour les visiteurs étrangers.

Toutes les 15min, un service de bus relie directement l'aéroport à la gare centrale, au cœur de Copenhague (en 30min). D'autres bus vont au port de Dragør (au sud de l'aéroport), où s'effectue la liaison avec les ferries de Limhamn, au sud de la Suède; une troisième ligne conduit à l'hydrofoil ou au bac qui assure la traversée vers Malmö.

L'aéroport de Copenhague possède un grand centre d'achats, avec deux self-services hors taxe et de nombreuses boutiques de souvenirs (y compris du Groenland). Il y a une banque, un bureau de poste, une nursery, un salon de coiffure, des salles de douche et de repos, des magasins d'alimentation, un restaurant et un vaste snack-bar pour vos derniers *smørrebrød* et *wienerbrød*.

Porteurs et chariots sont à votre disposition, et les taxis (voir p.117) ne manquent pas. **Information voyageurs**: tél. 31 54 17 01.

Où est le bus pour…?   **Hvorfra afgår bussen til…?**

AMBASSADES et CONSULATS (ambassade; konsulat)

Belgique	(*ambassade*) Øster Allé 7, 2100 Copenhague Ø, tél. 35 26 03 88
Canada	(*ambassade*) Kristen Bernikowsgade 1, 1105 Copenhague K; tél. 33 12 22 99
France	(*ambassade et consulat*) Kongens Nytorv 4, 1050 Copenhague K, tél. 33 15 51 22
Luxembourg	(*ambassade*) Fridtj. Nansens Plads 5, 2100 Copenhague Ø, tél. 35 26 82 00
Suisse	(*ambassade*) Amaliegade 14, 1256 Copenhague K. tél. 33 14 17 96

ARGENT (Voir aussi Douane et formalités d'entrée, p.124)

Monnaie. L'unité monétaire danoise est la couronne (*krone*), abrégée kr ou, à l'étranger, KRD pour la différencier de la couronne norvégienne ou suédoise. Elle est divisée en 100 *øre*.

Pièces: 25 et 50 *øre*; 1, 2, 5, 10 et 20 kr.

Billets: 50, 100, 500 et 1 000 kr.

Banques et bureaux de change (*bank; vekselkontor*). Les banques et bureaux de change offrent un meilleur taux de change pour les espèces. Dans les banques – ouvertes du lundi au vendredi de 9h30 à 16h, jusqu'à 18h le jeudi –, vous payez une commission fixe par transaction. Le bureau de change de la gare centrale est ouvert tous les jours de 6h45 à 22h; celui à l'entrée de Tivoli, au HC Andersens Boulevard, est ouvert de midi à 23h en pleine saison (de mai à mi-septembre). Les bureaux de change vendent également des «cartes Copenhague», des timbres, des billets de train et de bus.

Cartes de crédit et chèques de voyage (*kreditkort; rejsecheck*). Les principaux hôtels, beaucoup de restaurants et quelques boutiques acceptent les cartes de crédit internationales. Il n'y a guère de problème non plus avec les chèques de voyage – si vous avez votre passeport avec vous. Vous pouvez encaisser vos chèques de voyage et Eurochèques dans n'importe quelle banque.

MOMS. La TVA danoise, appelée MOMS, est de 25%. Elle est toujours comprise dans les factures. Pour les achats importants (plus de 600 kr), il existe des systèmes d'exportation de biens hors taxe. Renseignez-vous dans les boutiques ayant l'affichette *Europe Tax-Free Shopping* ou *Tax-Free International*; les commerçants seront à même de vous expliquer la procédure.

POUR ÉQUILIBRER VOTRE BUDGET

Voici quelques exemples de prix moyens exprimés en couronnes danoises (kr). Toutefois, souvenez-vous que tous ces prix sont donnés à titre indicatif. Les Danois arrondissent la note – vers le haut ou vers le bas – pour atteindre une somme la plus proche possible d'un nombre divisible par 25 øre, car il n'y a pas de pièce intermédiaire (par exemple 13 est arrondi à 25).

Aéroport (transfert). Bus jusqu'à Rådhuspladsen, 15 kr; bus direct jusqu'à la gare centrale, 30 kr; taxi, 140 kr (pourboire compris).

Alimentation. Pain, 10 kr; 250g de beurre, 10kr; 6 œufs, 10kr; 500g de steak (filet), 35 kr; 500g de café instantané, 25 kr; bouteille de bière, 3,75 kr; soda, 4 kr.

Camping. Carte de camping pour étranger, 24 kr par personne et par nuit. Les enfants paient demi-tarif.

«Carte Copenhague». Une journée 140 kr, deux jours 230 kr, trois jours 295 kr. Demi-tarif pour les enfants de moins de 12 ans.

Garde d'enfants. 25 kr/heure; réservation 25 kr (transport compris).

Hôtels (prix par nuit, pour une chambre double avec salle de bains, petit déjeuner compris). De luxe 1000-1800 kr; classe moyenne 600-800 kr; classe économique 400-600 kr.

Location de bicyclettes. 50 kr par jour, 225 kr par semaine. Caution de 200 kr.

Location de voitures. *Ford Escort 1.3*: 680 kr par jour, 3010 kr par semaine. *Volvo 740* (break): 1050 kr par jour, 4690 kr par semaine. *Audi 100* (automatique): 1100 kr par jour, 5460 kr par semaine. Tous les prix sous-entendent un kilométrage illimité, mais ne comprennent pas l'assurance. Taxe de 25% en sus.

Loisirs. Cinéma, 55 kr; billets pour le Ballet royal, 40-300 kr; entrée en discothèque, 30-60 kr; Tivoli: adultes 38 kr, enfants demi-tarif.

Repas et boissons (dans un bon établissement). Déjeuner, 70 kr; dîner, 150 kr; sandwich (*smørrebrød*), 15-20 kr; café, 12kr; aquavit (schnaps), 25 kr; bière, 25 kr; soda, 15 kr.

Taxis. Prise en charge 12 kr; 8 kr par kilomètre de 6h à 18h, 10 kr par kilomètre de 18h à 6h et le week-end.

Transports publics. Tarif unique (*grundbillet*) pour le bus ou un train-S, 9 kr. Carnet de tickets (*rabatkort*) pour 10 trajets: bleus 70 kr, jaunes 80 kr, mauves 150 kr, gris 215 kr.

AUBERGES DE JEUNESSE (*vandrerhjem*)

Copenhague est un peu La Mecque des porteurs de sac à dos. Il y a neuf auberges de jeunesse et hôtels d'étudiants dans la ville pour héberger cette armée et éviter les nuits à la belle étoile dans les parcs. Pour les auberges de jeunesse, il est nécessaire d'avoir la carte d'affiliation à la Fédération internationale. Si vous ne la possédez pas, vous pourrez vous procurer une carte provisoire au siège des auberges de jeunesse du Danemark (voir adresse ci-dessous).

On peut louer des draps sur place (les sacs de couchage ne sont pas autorisés). Il n'y a pas de limite d'âge. Une liste complète des quelque 80 auberges de jeunesse du Danemark vous sera remise par n'importe quel office du tourisme danois à l'étranger.

Danmarks Vandrerhjem (Auberges de jeunesse du Danemark), Vesterbrogade 39, 1620 Copenhague V (tél. 31 31 36 12); ouvert du lundi au jeudi de 9h à 16h, le vendredi jusqu'à 15h. D'avril à août, le jeudi de 9h à 18h.

Dans les hôtels d'étudiants (*ungdomsherberg*), les heures de fermeture et autres réglementations sont plus souples.

Pour tout problème, les jeunes s'adresseront au Centre d'information pour la jeunesse, **Huset** («Use It», c'est-à-dire «utilise-le» – pour les initiés), Rådhusstræde 13 (tél. 33 15 65 18), ouvert tous les jours de 9h à 22h. Le reste du temps, les heures d'ouverture sont réduites – voir aussi p.25.

B

BLANCHISSERIE et TEINTURERIE (vask; kemisk rensning)

Les grands hôtels se chargeront de faire laver ou nettoyer vos effets dans la journée (sauf week-end et jours fériés); cela coûte cher. Il y a dans toute la ville des teintureries – vous en trouverez la liste dans l'annuaire (*Fagbog*) sous «*Renserier*» et des blanchisseries self-service («*selvbetjeningsvaskeri*»), ouvertes tard le soir.

Quand est-ce que ce sera prêt ?	**Hvornår er det færdigt ?**
J'en ai besoin pour demain matin.	**Jeg skal bruge det i morgen tidlig.**

C

CAMPING (camping)

Plus de 500 terrains de camping, dont huit à moins de 16km de Copenhague, ont été homologués par un comité ad hoc. Ils sont donc fréquemment contrôlés sur le plan de l'hygiène et du confort. Il existe trois catégories (une, deux et trois étoiles) et on trouve partout de l'eau potable et des magasins d'alimentation; les camps sont gardés. Si vous n'avez pas de carnet de camping international, vous obtiendrez, dans le premier camp où vous séjournerez, une carte de camping pour étrangers valide toute l'année. On peut camper sur des terrains privés avec l'autorisation du propriétaire.

L'office du tourisme danois de votre pays (voir p.132) tient à votre disposition une excellente brochure gratuite concernant le camping, les auberges de jeunesse et les logements étudiants. Pour des informations générales sur le camping au Danemark, contactez Campingrådet, Hesseløgade 16, 2100 Copenhague Ø, tél. 39 27 88 44.

CLIMAT et HABILLEMENT

Grâce aux courants marins, le Danemark jouit d'un climat relativement tempéré, mais les fréquents changements de vent rendent le temps variable. Le printemps peut être tardif, mais l'été est souvent ensoleillé et l'automne doux. Voici les moyennes des températures mensuelles pour Copenhague:

	J	F	M	A	M	J	J	A	S	O	N	D
température °C	0,5	0	2	6	11	16	17	16	13	9	5	2

Habillement. Des vêtements de ville suffiront presque toujours, même pour le théâtre et le dîner. Ce n'est que dans les plus grands hôtels et les clubs que les hommes devront porter une cravate le soir et les femmes une robe de soirée. Sinon, faites ce qui vous plaît.

Les soirées d'été sont longues mais souvent fraîches; munissez-vous d'un lainage. Emportez également un manteau léger ou un imperméable en plus de vos vêtements d'été habituels – le temps est changeant. Sur la plage, peu de contraintes: le monokini, en particulier chez les jeunes femmes, est entré dans les mœurs.

Au printemps et en automne il fait assez beau, mais l'hiver peut être très froid; il est donc conseillé d'emporter des vêtements chauds et imperméables. En toutes saisons, de bonnes chaussures de marche vous aideront à déambuler dans les rues pavées de la vieille ville.

COMMENT Y ALLER (Voir aussi AÉROPORT, p.114)

Le nombre de façons différentes de se rendre à Copenhague est ahurissant, et la complexité des tarifs et des règlements est absolument stupéfiante. Adressez-vous à un agent de voyages compétent pour une liste détaillée des derniers vols, tarifs et règlements.

PAR AVION

Au départ de la Belgique. Vous avez plusieurs vols par jours entre Bruxelles et Copenhague.

Au départ du Canada. À défaut de services directs entre Montréal et Copenhague, vous transiterez par New York, Londres, Amsterdam, Bruxelles, Paris, Francfort ou Zurich; comptez 11h de voyage.

Au départ de la France. Vous disposez de 11 vols par jour au départ de Paris (en1h45). Nice est également relié une ou deux fois par jour à Copenhague en 2h20. *Autres lignes*: Marseille–Copenhague via

Paris, Bruxelles ou Francfort; Lyon–Copenhague; Bâle–Mulhouse–Copenhague via Zurich.

Au départ de la Suisse romande. Il existe un ou deux vols par jour entre Genève et Copenhague, en un peu plus de 2h.

Réductions et tarifs spéciaux. Les enfants (moins de 12 ans), les jeunes (moins de 25 ans), les personnes âgées (plus de 60 ans) ont droit, toute l'année, à des réductions importantes.

Les compagnies aériennes proposent des tarifs promotionnels souvent avantageux. Pour en bénéficier, il vous sera souvent demandé de réserver à l'avance, de fixer vos dates de départ et de retour ou de rester un temps minimal (et maximal) au Danemark. Renseignez-vous auprès de votre agence de voyages ou de votre compagnie aérienne.

EN TRAIN

Au départ de la Belgique. Des voitures directes Ostende/Bruxelles–Copenhague (voitures-lits) sont accrochées à Liège au *Nord-Express*; le voyage dure environ 13h15.

Au départ de la France. De jour comme de nuit, le train met Copenhague à 15h30 environ de Paris. Il existe deux trains de nuit: le *Viking Express* (direct) et le *Nord-Express* (changement à Cologne).

Au départ de la Suisse romande. Vous avez intérêt à prendre le train de jour Genève–Hambourg; de Hambourg, un train de nuit vous amènera à Copenhague; le voyage dure 23h; vous pouvez aussi passer par Francfort.

Tarifs spéciaux. Un abonnement des chemins de fer danois (DSB) donne libre accès à l'ensemble du réseau pendant un mois. Les cartes *Inter-rail* et *Eurailpass* sont valables au Danemark. Le billet international pour jeunes (BIJE) permettra aux moins de 26 ans de profiter de réductions intéressantes.

PAR LA ROUTE

Au départ de Bruxelles. Vous gagnerez Liège, Cologne, Hanovre, Hambourg, Lübeck, Puttgarden. De là, prenez le ferry pour Rødby, d'où vous rallierez Copenhague – un voyage de 950km environ.

Au départ de Paris. Vous rejoindrez Liège, Cologne, Hanovre, Hambourg, Lübeck, Puttgarden. De là, vous prendrez le ferry pour Rødby, d'où vous rallierez Copenhague – un voyage de 1225km.

Au départ de la Suisse romande. De Genève, vous gagnerez Bâle et, de là, vous vous dirigerez vers Karlsruhe, Francfort, Hanovre, Hambourg, Lübeck, Puttgarden. De là, vous prendrez le ferry pour Rødby, d'où vous rallierez Copenhague – un voyage de 1390km.

La traversée Puttgarden-Rødby dure 1h et les services quotidiens sont nombreux.

CONDUIRE AU DANEMARK
(Voir aussi LOCATION DE VOITURES, p.131)

Pour entrer votre véhicule au Danemark, il vous faudra:
- un permis de conduire valide, indiquant clairement à quel type de véhicule il s'applique
- la carte grise (permis de circulation) du véhicule
- la carte verte (police d'assurance valable à l'étranger)
- un triangle rouge de signalisation en cas de panne
- un indicatif du pays d'origine apposé à l'arrière du véhicule

Règles de circulation. Comme presque partout en Europe, on roule à droite, on double à gauche. La priorité à droite s'applique, mais vous n'aurez guère de questions à vous poser, la plupart des croisements étant indiqués par des triangles blancs (que les Danois appellent «dents de requin»), des stops, des feux de signalisation, etc. On tend à supprimer les ronds-points, jugés dangereux en raison des erreurs de priorité. Les Danois sont des conducteurs disciplinés et ils en attendent autant de vous. Indiquez clairement tout changement de file sur les routes et autoroutes qui traversent le centre de Copenhague. Il est interdit de naviguer d'une file à l'autre.

Les passages cloutés sont sacro-saints et presque toujours protégés par des feux. Lorsque, à un carrefour, vous changez de direction, vous devez laisser la priorité aux piétons (et aux bicyclettes qui continuent tout droit, si votre intention est de tourner à droite).

Méfiez-vous des autobus qui redémarrent après un arrêt: ils sont prioritaires. Les cyclistes et motocyclistes roulent à votre droite sur une piste habituellement surélevée (*cykelsti*), mais ils ne sont parfois séparés du flot de la circulation que par une ligne blanche que vous ne devez pas franchir.

Le port de la ceinture de sécurité est obligatoire pour tous les occupants d'un véhicule. Sur les cyles à moteur, celui du casque est obligatoire pour le conducteur comme pour son passager.

Limitation de vitesse. Sur une *motorvej* (autoroute), vous ne devez pas dépasser 110km/h; sur les autres routes, la limite est de 80km/h. En zone urbaine (indiqué par des panneaux blancs avec la silhouette d'une ville), la limite est de 50km/h. Les voitures tractant une caravane (ou une remorque) ne peuvent dépasser 70km/h. En cas d'excès de vitesse, vous risquez une forte amende, payable sur-le-champ.

Stationnement. Les contractuels en uniforme gris (et la police) traquent ceux qui se garent près d'un panneau *stopforbud* (arrêt interdit) ou *parkering forbudt* (stationnement interdit). Ils ne vous donneront peut-être qu'un avertissement, mais peuvent vous infliger une amende. Une voiture gênant le trafic peut être enlevée et mise à la fourrière; il faudra payer le remorquage et l'amende pour la récupérer. En zone de stationnement à durée limitée, vous devez mettre en évidence votre disque de stationnement; les disques (*P-skive* ou *parkeringsskive*) sont distribués gratuitement dans les postes de police, les garages, les bureaux de poste et la plupart des banques.

Arrêts et stationnements sont interdits à moins de 5m des intersections, des passages cloutés et des sorties de pistes cyclables. *Dato-stop* et *Dato-parkering* signifient que l'arrêt ou le stationnement ne sont autorisés que d'un côté de la rue – du côté pair les jours pairs et du côté impair les jours impairs. Dans les parcmètres, vous mettrez des pièces de 1, 5, 10 kr. Toute voiture garée doit être fermée à clé.

Boire et conduire. Avec plus de 0,8g d'alcool dans le sang, vous risquez une amende équivalent à un mois de salaire, un retrait de permis pour un an et l'incarcération dans une «prison indulgente».

Pannes. En cas de panne, vous pouvez appeler, à Copenhague, le service national de dépannage (FALCK) au 33 14 22 22 (jour et nuit). Le service de secours sur route est gratuit pour les seuls membres des organisations FIA ou IAT. Si vous n'êtes pas affilié, souscrivez une assurance dans votre pays. Une TVA (MOMS) de 25% est ajoutée à toutes les factures.

Essence et huile (*benzin*; *olie*). Il y a de nombreuses stations-service et on trouve presque toutes les marques internationales de carburant; le prix en est élevé. Cependant, vous économiserez quelques *øre* par litre aux stations self-service (appelées indifféremment *selvbetjening*, *tank selv* ou «self-service»).

Signalisation routière. Les symboles internationaux sont largement utilisés, mais vous pouvez rencontrer des panneaux portant un texte. Voici les plus importants:

Blind vej	Voie sans issue
Fare	Danger
Fodgængere	Piétons
Indkørsel forbudt	Entrée interdite
Omkørsel	Déviation
Rabatten er blød	Accotements dangereux
Udkørsel	Sortie
Vejarbejde	Travaux

Permis de conduire	**Førerbevis**
Carte grise	**Registreringsattest**
Carte verte	**Grønt kort**
Puis-je me garer ici ?	**Må jeg parkere her ?**
Sommes-nous bien sur la route de…?	**Er dette vejen til… ?**
Le plein, s'il vous plaît, de… ordinaire/super/sans plomb	**Vær venlig at fylde op med… almindelig/super/blyfri**
Voudriez-vous vérifier l'huile/les pneus/la batterie, s'il vous plaît.	**Vær venlig at kontrollere olien/dækkene/batteriet.**
Ma voiture est en panne.	**Vognen er gået i stykker.**
Il y a eu un accident.	**Der er sket en ulykke.**

D

DÉCALAGE HORAIRE

Le Danemark vit en hiver à l'heure de l'Europe centrale (GMT + 1). En été, les pendules sont avancées d'une heure. Lorsqu'il est midi à Copenhague, Bruxelles, Genève et Paris, il est 7h à Montréal.

DOUANE et FORMALITÉS D'ENTRÉE (*toldkontrol*)

Les Canadiens présenteront un passeport en cours de validité; les ressortissants belges, français et suisses une carte d'identité ou un passeport valide. On peut séjourner trois mois sans visa au Danemark (les séjours effectués en Finlande, Islande, Norvège et Suède dans les six mois sont compris dans ce laps de temps).

Restrictions des achats hors taxe. Le Danemark fait partie de l'Union européenne, le libre-échange des biens entre les pays membres est donc assuré. Les achats hors taxe restent néanmoins limités. Renseignez-vous auprès de votre compagnie aérienne.

Les résidents des pays non membres de l'Union européenne pourront importer au Danemark: 400 cigarettes **ou** 100 cigares **ou** 500g de tabac; 1l d'alcool **et** 2l de vin.

Restrictions de devises. Vous pouvez importer et exporter autant de devises que vous le voulez. Si vous souhaitez cependant sortir plus de 50 000 couronnes du pays, vous devrez prouver que cette somme est inférieure au montant que vous avez importé.

E

EAU (*vand*)

L'eau du robinet est bonne partout. Si vous y tenez absolument, il y a d'excellentes eaux minérales locales.

Un verre d'eau, s'il vous plaît. **Et glas vand, tak.**

ÉLECTRICITÉ
Le courant est de 220 volts, mais dans certains campings on trouve du 110 volts. Les Canadiens auront besoin d'adaptateurs.

GARDE D'ENFANTS
Vous pourrez vous renseigner à la réception de votre hôtel ou auprès de l'office du tourisme. Vous pouvez également contacter le service de garde d'enfants des **étudiants** (tél. 31 22 96 96); tous les jours de 18h30 à 9h sauf le vendredi, de 15h à 18h du lundi au vendredi et de 15h à 17h le samedi; fermé le dimanche.

GUIDES et EXCURSIONS (*guide*)
Les visites en autocar et certaines excursions sur les canaux sont commentées par un guide polyglotte. Pour plus d'informations sur les guides agréés, contactez l'office du tourisme au 33 11 13 25 ou consultez le *Copenhagen This Week*.

Visites de brasseries. On ne visite pas seulement une brasserie pour déguster gratuitement une bouteille, mais pour contribuer à l'art, la science ou l'industrie. En effet, Carlsberg et Tuborg donnent de fortes sommes par l'intermédiaire de leurs organisations de charité. **Carlsberg** (tél. 33 27 13 14) se trouve porte de l'Éléphant, Ny Carlsbergvej 140 (bus n° 6 depuis Rådhuspladsen); visites guidées en plusieurs langues à 11h et 14h. **Tuborg** (tél. 33 27 22 12) est à Strandvejen 54, Hellerup (bus n° 1 depuis Rådhuspladsen); visites guidées jusqu'à la fin 1995 seulement. Ces deux brasseries sont ouvertes du lundi au vendredi.

Visites du port et des canaux. Même si le réseau de canaux de la ville n'est pas si important que ceux de Venise ou d'Amsterdam, Copenhague propose une promenade de 50min absolument charmante par une belle journée. Gammel Strand et Nyhavn (à Kongens Nytorv) sont les deux principaux points de départ. De mai à octobre, une visite de 90min en bus de mer – parfois avec commentaires – vous donnera une vue privilégiée sur le cœur de la ville et le port.

Visites de la ville. Les compagnies Copenhagen Excursions et Vikingbus proposent des **visites en bus** couvrant les principaux sites; elles durent de 1h30 à 2h45. Le **Royal Tour** comprend une visite des salons d'apparat du Christiansborg Slot et des joyaux de la Couronne à Rosenborg. Le **Grand Tour** a pour objectif de donner aux visiteurs une impression plus générale de la ville et se termine avec la cérémonie de la relève de la garde au palais Amalienborg. Plusieurs fois par semaine, en été, vous pourrez vous joindre à l'une des nombreuses **visites à pied** de Copenhague (en anglais). Des **visites à bicyclette** sont organisées de juin à octobre. Il existe d'autres manières de visiter la ville: taxi, limousine et même hélicoptère.

Visites des industries d'art. Des visites de l'usine royale de **porcelaine** de Copenhague, Smallegade 45, sont organisées en anglais, du lundi au vendredi de juin à septembre à 9h, 10h et 11h, ainsi qu'à 13h et 14h en plein été. Des visites similaires sont possibles pour la **verrerie** et l'**argenterie**.

Visites thématiques. Vous avez le choix entre une visite d'un après-midi centré sur **Hamlet**, une excursion d'une journée pour découvrir les **châteaux** de la Seeland septentrionale, une visite de 6h à **Vikingland** (cathédrale de Roskilde et musée des Bateaux vikings), un périple de 11h à Odense, la ville de **Hans Christian Andersen** sur l'île de Fionie et un voyage de 13h à **Legoland** (réservation nécessaire).

Excursions en Suède. La Suède est si proche et si facile d'accès que le voyage en vaut la peine. Depuis Havnegade, Nyhavn, dans le centre de Copenhague, deux compagnies – Flyvebådene et Pilen – relient le cœur de Malmö en 45min avec un catamaran. Vous pouvez également profiter de votre visite à Helsingør pour prendre le ferry pour une traversée de 20min jusqu'à Helsingborg.

Les aventuriers pourront essayer le voyage «autour du Sund». Les billets, disponibles auprès du DBS (chemins de fer danois), vous permettront de voyager (dans un sens ou dans l'autre) de Copenhague à Malmö et jusqu'à Helsingborg en train, et de traverser le Sund jusqu'à Helsingør puis rejoindre Copenhague en train.

HORAIRES

Banques. Elles sont ouvertes du lundi au vendredi de 9h30 à 16h, jusqu'à 18h le jeudi. En province, les heures varient selon les villes.

Bureaux de poste. Ils sont ouverts de 9h/10h à 17h/17h30 en semaine; certains bureaux ouvrent aussi le samedi de 9h à midi.

Boutiques et **grands magasins**. Ils sont généralement ouverts du lundi au jeudi de 9h30/10h à 17h30 et jusqu'à 19h le vendredi; de 9h à midi ou 14h le samedi, sauf le premier samedi du mois – fermeture à 17h. Certains magasins ferment le lundi ou le mardi.

Musées. À Copenhague, les musées n'ouvrent pas tous aux mêmes heures. De plus, les horaires changent souvent. Ces établissements ferment généralement le lundi et ont des heures d'ouverture plus restreintes en hiver. Il est donc prudent de vérifier avant de se déplacer.

HÔTELS et LOGEMENT (hotel; indlogering)
(Voir aussi AUBERGES DE JEUNESSE, p.117, CAMPING, p.118 et notre section Hôtels recommandés, pp.65-73)

Les bureaux danois de l'office du tourisme vous fourniront une liste complète des hôtels et des pensions de Copenhague. Il n'y a pas de classement par étoiles, mais cette nomenclature vous donne des indications sur ce qui vous est offert (avec ou sans salle de bains, restaurant, nombre de lits, etc.). Ajoutez les tarifs à ces informations et vous aurez une idée de la qualité de l'hôtel. Hors saison, vous pouvez bénéficier de réductions atteignant 50% – renseignez-vous auprès des offices du tourisme.

Si vous arrivez à Copenhague sans avoir réservé de chambre, rendez-vous au service de réservation de l'office du tourisme, au Bernstorffsgade 1, tél. 33 12 28 80, fax 33 12 97 23; on vous demandera une petite participation financière. Copenhague déborde de touristes en pleine période de vacances, mais le service de logement, kiosque P à la gare centrale, parvient presque toujours à caser tout le monde. Le bureau est ouvert tous les jours de 9h à minuit de mai au

15 septembre, et jusqu'à 17h ou 22h hors saison. Rendez-vous sur place pour faire votre demande.

Les «**hôtels de mission**» (*missionshotel*) ont des prix raisonnables, et les familles danoises aiment y descendre. Ils sont classés sous la catégorie sans alcool, mais on vous y vendra du vin et de la bière. Pour ceux qui sont motorisés, il y a des motels tout autour de Copenhague, mais vous ne regretterez pas de vous être arrêtés dans un *kro* (auberge) de village. Ces établissements, anciens relais de poste, vous offriront un bon confort et une nourriture saine. Vous pouvez aussi trouver une pension de famille (*pensionat*) ou une chambre chez un particulier par l'intermédiaire du service de logement.

Un solide petit déjeuner est généralement inclus dans le prix de la chambre, sauf dans les très grands hôtels.

J

JOURS FÉRIÉS (*fest-/helligdag*)

Les banques, les bureaux et la plupart des magasins sont fermés les jours fériés, mais les musées et les lieux touristiques restent ouverts (avec un horaire réduit). Les cafés sont également ouverts.

1er janvier	*Nytår*	jour de l'an
5 juin (demi-journée)	*Grundslovsdag*	jour de la Constitution
25/26 décembre	*Jul*	Noël
Fêtes mobiles:	*Skærtorsdag*	jeudi saint
	Langfredag	vendredi saint
	Anden påskedag	lundi de Pâques
	Bededag	jour de prières (4e vendredi après Pâques)
	Kristi himmelfartsdag	Ascension
	Anden pinsedag	lundi de Pentecôte

Est-ce que vous ouvrez demain ? **Har De åbent i morgen ?**

LANGUE (Voir aussi en couverture de ce guide)

Presque tous les Danois parlent anglais, plus rarement français. Le danois est peut-être la langue nordique la plus difficile à prononcer à partir de l'écrit, beaucoup de syllabes étant sautées. Ainsi, Amager se prononce *Am-air*, le «g» étant escamoté; le «d» se prononce un peu comme le «th» anglais; la lettre «ø» se prononce «eu» mais en avançant les lèvres; et le «r» disparaît.

L'alphabet danois contient 29 lettres – 26 «normales» plus «æ» (è), «ø» et «å» (o). Dans les listes alphabétiques, ces lettres viennent tout à la fin – pensez-y en consultant l'annuaire et les listes.

Bonjour	**Godmorgen**
S'il vous plaît/merci	**Vær så venlig/Tak**
Bon après-midi	**Goddag**
Je vous en prie	**Ingen årsag**
Bonsoir	**Godaften**
Au revoir/à bientôt	**Farvel/På gensyn**
Parlez-vous français/anglais ?	**Taler De fransk/engelsk ?**

LES JOURS

lundi	**mandag**	vendredi	**fredag**
mardi	**tirsdag**	samedi	**lørdag**
mercredi	**onsdag**	dimanche	**søndag**
jeudi	**torsdag**		

LES MOIS

janvier	**januar**	juillet	**juli**
février	**februar**	août	**august**
mars	**marts**	septembre	**september**
avril	**april**	octobre	**oktober**
mai	**maj**	novembre	**november**
juin	**juni**	décembre	**december**

NOMBRES

0	**nul**	10	**ti**	20	**tyve**
1	**en**	11	**elleve**	30	**tredive**
2	**to**	12	**tolv**	40	**fyrre**
3	**tre**	13	**tretten**	50	**halvtreds**
4	**fire**	14	**fjorten**	60	**tres**
5	**fem**	15	**femten**	70	**halvfjerds**
6	**seks**	16	**seksten**	80	**firs**
7	**syv**	17	**sytten**	90	**halvfems**
8	**otte**	18	**atten**	100	**hundrede**
9	**ni**	19	**nitten**	1000	**tusind**

Le dictionnaire de poche Berlitz danois/français pourra vous tirer d'embarras en bien des circonstances.

LOCATION DE BICYCLETTES (cykeludlejning)

Les offices du tourisme vous indiqueront où louer des vélos. À Copenhague, allez au **Københavns Cykelbørs**, dépôt de cycles en location, au Nørre Farimagsgade 69 (tél. 33 14 07 17). D'avril à octobre, on peut également louer des vélos dans de nombreuses gares – les plus proches de Copenhague sont Klampenborg, Lyngby, Hillerød et Helsingør – mais, vous devrez retenir votre vélo à l'avance; appelez la gare centrale au 33 14 17 01. Moyennant un petit supplément, vous pourrez rendre votre bicyclette dans une autre gare du pays. Les offices du tourisme, dans votre pays ou au Danemark, peuvent vous organiser des circuits. On compte environ 40 à 50km par jour et vous pouvez faire étape dans une auberge de jeunesse, un *kro* (auberge) ou un hôtel. Tout est indiqué dans un fascicule gratuit appelé *Cycling Holidays in Denmark* («Vacances à vélo au Danemark»), distribué par l'office danois du tourisme. Vous devrez prouver votre identité pour toute location. (Notez bien que si vous préférez emporter votre propre bicyclette, elle voyagera gratuitement en bagage accompagné.)

LOCATION DE VOITURES (*biludlejning*) (Voir aussi Argent, p.116 et Conduire au Danemark, pp.121-23)

Il existe plusieurs bureaux de location de voitures à l'aéroport de Copenhague, et les grandes agences internationales ont une succursale dans la capitale. Les bureaux d'information touristique disposent d'une liste des agences locales. Vous pouvez aussi consulter l'annuaire (*Fagbog*) sous la rubrique *Autoudlejning*.

Pour louer une voiture, vous devrez être en possession d'un permis de conduire national ou international et avoir au moins 20 ans (parfois 25). Il vaut mieux vous munir également de votre passeport, mais ne le laissez pas à l'agence. On vous demandera probablement un dépôt de garantie couvrant à peu près le prix de la location. Les prix variant considérablement, faites marcher la concurrence. Les cartes de crédit sont acceptées.

MÉDIAS

Journaux et magazines (*avis; ugeblad*). Vous trouverez des journaux et magazines en français au kiosque de la gare centrale et dans les grands magasins Illums (52-54 Østergade) et Magasin du Nord (Kongens Nytorv 13). Une publication gratuite en anglais, *Copenhagen This Week*, fournit de précieuses informations aux touristes.

Radio et télévision (*radio; fjernsyn*). Il y a trois stations de radio danoises: Radio 1 (sur 90,8 MHz – FM) pour les nouvelles commentées et la musique classique, Radio 2 et 3 (96,5/93,9 MHz) pour les nouvelles locales, la musique légère et les variétés. Les informations sont données en anglais sur Radio 3 à 8h30 du lundi au vendredi.

La principale chaîne de télévision danoise retransmet quant à elle ses émissions de 7h30 à 23h30. Tous les films sont diffusés en version originale sous-titrée.

Avez-vous des journaux en français ?	**Har De fransksprogede aviser ?**

OBJETS TROUVÉS (*hittegods*)

Le **bureau central** des objets trouvés (*hittegodskontor*) est au poste de police, au Slotsherrensvej 113, Vanløse (tél. 31 74 88 22); il est ouvert du lundi au vendredi de 9h à 14h (17h le jeudi), mais fermé le samedi et le dimanche. Si vous avez perdu quelque chose dans un **autobus** ou un **train**, rendez-vous à Lyshøjgårdsvej 80, Valby; pour les autobus, téléphonez au 36 45 45 45, puis composez le 4, du lundi au vendredi de 10h à 17h; pour les trains téléphonez au 36 44 20 10, du lundi au vendredi de 9h à 16h. Si vous perdez votre **carte de crédit**, appelez Eurocard Denmark, tél. 44 89 25 00 (24h/24); les détenteurs de cartes American Express appelleront le 80 01 00 21.

OFFICES DU TOURISME (*turistinformation*)

Les offices du tourisme danois figurent parmi les plus serviables; ils vous fourniront une documentation et des informations complètes.

Belgique	Avenue Louise 221, B-1005 Bruxelles; tél. (02) 648 37 89
Canada	The Danish Tourist Board, PO Box 115, Station 'N', Toronto, Ontario M8V 3S4; tél. (416) 823 96 20
France	Mailing Express, BP 221, 75865 Paris cedex 18; tél. (1) 40 05 10 10; Minitel: 3614 Danemark
Suisse	Le pays ne disposant pas de représentation touristique danoise, il faut s'adresser à Paris.

Toutes les villes danoises et presque tous les villages ont un office du tourisme indiqué par une grande lettre **i** sur fond vert. Le principal office du tourisme se trouve près de Tivoli au Bernstorffsgade 1, tél. 33 11 13 25. Il est ouvert tous les jours en été de 9h à 20h; en hiver, il ouvre du lundi au vendredi de 9h à 17h et le samedi de 9h à 14h, mais reste fermé le dimanche.

Où est l'office du tourisme ? **Hvor ligger turistbureauet ?**

PHOTOGRAPHIE et VIDÉO

Les pellicules sont assez bon marché, aussi ne prenez pas la peine de vous charger inutilement. Le développement et le tirage sont de très bonne qualité et peuvent être exécutés rapidement au centre de Copenhague – essayez **Express Foto**, Axeltorv 2, tél. 33 15 27 80.

Je voudrais un film pour cet appareil.	**Jeg vil gerne have en film til dette apparat.**
Combien de temps cela prendra-t-il pour développer ce film ?	**Hvor lang tid tager det at fremkalde denne film ?**
Puis-je prendre une photo ?	**Må jeg tage et billede ?**

POLICE (Voir aussi URGENCES, pp.138-9)

Les agents de police d'État et de la ville appartiennent aux forces nationales et sont habillés d'un uniforme noir. Certains patrouillent dans Copenhague à pied, mais la plupart se déplacent dans des voitures bleues et blanches (ou toutes blanches) portant le mot *POLITI* en grosses lettres (mais ils utilisent aussi des voitures banalisées). Vous pouvez leur demander de l'aide. Les policiers sont courtois et parlent toujours anglais.

N'hésitez pas à vous rendre au poste de police pour un conseil. Ces postes sont répertoriés sous *Politi* dans l'annuaire.

Où est le poste de police le plus proche ?	**Hvor er den nærmeste politi-station ?**

POSTES et TÉLÉCOMMUNICATIONS
(Voir aussi DÉCALAGE HORAIRE, p.124 et HORAIRES, p.127)

Bureaux de poste (*postkontor*). La poste centrale est située au Tietgensgade 37; elle est ouverte du lundi au vendredi de 10h à 18h, le samedi de 9h à 13h, et fermée le dimanche. Le bureau de poste de la gare centrale reste ouvert du lundi au vendredi de 8h à 22h, le samedi de 9h à 16h et le dimanche de 10h à 17h. De nombreux autres bureaux sont disséminés dans la ville. Ils sont signalés par un panneau rouge portant une couronne, un cor et des flèches jaunes, et l'inscription *Kongelig Post og Telegraf*. Les distributeurs de timbres fonctionnent avec deux pièces de 1 kr. En achetant une carte postale dans un kiosque ou une boutique de souvenirs, prenez aussi le timbre adéquat. Les boîtes aux lettres danoises, rouge vif, sont très gaies – tout comme les postiers, en uniforme rouge et à bicyclette jaune. Vous pouvez retirer votre courrier à la **poste restante** de la poste centrale à Tietgensgade 35 (juste derrière Tivoli, adresse postale: 1704 Copenhague V), de 9h à 19h du lundi au vendredi et le samedi de 9h à 13h, mais pas le dimanche. Emportez une pièce d'identité.

Télécopies, télex, télégrammes. Vous pouvez envoyer des télécopies et des télex depuis la plupart des hôtels. Le centre de télécommunications situé dans la gare centrale à Bernstorffsgade (lundi au vendredi de 8h à 22h, week-ends de 9h à 21h; tél. 33 14 20 00) offre un choix important de services, dont le fax et le télex. Tous les bureaux de poste expédieront vos télégrammes; après la fermeture, contactez le 122 (le 168 pour des renseignements) ou rendez-vous au centre de télécommunications.

Téléphone (*telefon*). À part les téléphones des kiosques à journaux et à tabac, toutes les cabines publiques sont vertes avec le mot *telefon* inscrit dessus. Insérez une pièce de 1 kr pour les appels locaux et des pièces de 5 kr pour les appels longue distance. Certaines cabines n'acceptent que les Télécartes (*Telet*), en vente dans les kiosques.

Vous pouvez appeler n'importe quel abonné au Danemark en composant simplement les huit chiffres habituels; il n'y a en effet plus d'indicatif. Les appels effectués depuis votre chambre d'hôtel risquent de s'avérer très onéreux – pour un appel longue distance, rendez-vous au centre des télécommunications de la gare centrale.

Le bureau central du télégraphe, Købmagergade 37, traite les appels téléphoniques, télégrammes et télex tous les jours de 9h à 22h.

Quelques numéros utiles. Utilisation du téléphone: **141**. Renseignements: **118**. Renseignements internationaux: **113**.

Un timbre pour cette lettre/carte postale, s'il vous plaît.	**Et frimærke til dette brev/postkort, tak.**

POURBOIRES

En principe, on ne donne pas de pourboire: le service est toujours inclus dans l'addition des restaurants et la note des hôtels. Ne donnez quelque chose que si l'on vous a rendu un service spécial. Dans les gares, les bagagistes ont un tarif fixe et il n'est pas nécessaire de donner un pourboire aux coiffeurs, chauffeurs de taxi et ouvreuses de théâtre. Par contre, laissez 1 kr au préposé des toilettes publiques.

R

RELIGION

La plupart des Danois sont protestants (évangéliques luthériens). Voici quelques adresses où vous pourrez suivre l'office:

Église réformée française. Gothersgade 111, Copenhague. Tous les derniers dimanches du mois, un culte est célébré en fançais à 11h15.

Église catholique. Jesu Hjerte Kirke, Stenosgade 4, Copenhague. Service le dimanche matin.

Synagogue. Krystalgade 12, Copenhague. Services (en hébreu) tous les jours, tôt le matin et le soir.

S

SANTÉ et SOINS MÉDICAUX (Voir aussi URGENCES, p.138)

Vérifiez auprès de votre agent de voyages que votre police d'assurance couvre toute maladie ou tout accident survenant en vacances.

Au Danemark, les soins médicaux et l'hospitalisation sont gratuits pour les touristes tombant subitement malades ou victimes d'un accident. S'il s'agit de petits frais, vous réglerez le médecin, le dentiste ou le pharmacien. Les salariés et retraités des pays de l'Union européenne seront en partie remboursés par la caisse de sécurité sociale danoise locale s'ils produisent les factures et leur formulaire E111. Renseignez-vous avant votre départ sur les formalités nécessaires.

Les pharmacies danoises (*apotek*) vendent uniquement des médicaments, dont beaucoup ne sont délivrables que sur ordonnance. Les pharmacies sont répertoriées dans l'annuaire sous *Apoteker*. Elles sont en général ouvertes de 9h à 17h30, jusqu'à 13h le samedi. Steno Apotek, Vesterbrogade 6C, tél. 33 14 82 66, ouvre toute la nuit.

J'ai besoin d'un médecin/dentiste.	**Jeg har brug for en læge/tandlæge.**

SAVOIR-VIVRE

Les Danois sont les moins cérémonieux de tous les Scandinaves. Il est cependant d'usage de serrer la main des gens que l'on rencontre ou que l'on quitte. Les Danois apprécieront un gentil *goddag* (bonjour) ainsi qu'un *farvel* (au revoir ou adieu, prononcé «farvell»).

SPÉCIAL VOYAGEUSES

Les femmes peuvent se promener presque partout à Copenhague sans être ennuyées. Toutefois, il est prudent d'éviter le train-S la nuit, ainsi que le quartier chaud (autour de la gare). Voici quelques associations de femmes: American Women's Club, PO Box 34, 2800 Lyngby; International Women's Group, tél. 44 98 55 59.

TOILETTES

Elles sont indiquées par des silhouettes ou par une inscription: *WC*, *Toiletter*, *Damer/Herrer* (dames/hommes) ou seulement par les initiales *D/H*. Elles sont gratuites, sauf indication contraire.

Où sont les toilettes ?	**Hvor er toilettet ?**

TRANSPORTS

Bus et train-S. La ville dispose d'un excellent réseau de transports publics; les bus (*bus*) et le train-S (*S-tog*) entrent en service à 5h en semaine et 6h le dimanche. Les derniers quittent la ville à 0h30, bien que certains bus (*natbusser*) circulent la nuit. Pour toute information sur les bus, appelez, de 7h à 23h, le 36 45 45 45 puis composez le 3; pour le train-S, composez le 33 14 17 01 (gare centrale).

Titres de transport. Le système tarifaire est assez compliqué. Il s'applique à la région HT – la capitale et ses abords sur un rayon de 40km –, divisée en zones. Les tickets donnent le droit de circuler librement à l'intérieur d'une zone dans un espace de temps limité. Ils sont utilisables dans les bus et dans les trains. Souterrain au cœur du district, le réseau ferroviaire émerge en banlieue.

Le *grundbillet* est utilisable sur un seul trajet à l'intérieur d'une seule zone. Pour accéder à une autre zone, il faut un second ticket. Titre de transport avantageux, le *rabatkort* donne droit à 10 parcours dans plusieurs zones; les coupons bleus permettent de voyager dans 2 zones, les jaunes dans 3 zones, les mauves dans 5 zones et les gris dans toutes les zones. Il sont vendus dans les autobus et les gares.

Lorsque vous prenez le bus, montez à l'avant et indiquez votre destination au conducteur, qui vous remettra le ticket approprié. Tout ticket doit être composté, que ce soit à l'intérieur de l'autobus ou à l'une des machines jaunes sur les quais de gare. Les voyageurs en infraction sont passibles d'une amende payable sur-le-champ. Les enfants voyagent gratuitement jusqu'à 6 ans, demi-tarif de 6 à 12 ans.

«Carte Copenhague». Cette carte, créée à l'intention des touristes, ressemble à une carte de crédit. Elle permet une utilisation illimitée des autobus et des trains urbains, le libre accès à de nombreux musées et sites touristiques, et jusqu'à 50% de réduction sur les traversées en bac et en hydrofoil vers la Suède. Valable un, deux ou trois jours, cette carte est vendue dans les offices du tourisme (voir p.132), les agences de voyages, les bureaux de change, toutes les grandes gares du Danemark et certains hôtels de Copenhague.

Ferries. Le Danemark étant pour l'essentiel un archipel, les ferries font partie de la vie quotidienne des Danois. Bien qu'on ait construit des ponts spectaculaires entre certaines îles, bon nombre ne sont desservies que par bateau. Un service régulier et efficace relie les îles et la péninsule du Jütland. Sur presque toutes les traversées, on assure le transport à la fois des voitures et des passagers. L'office du tourisme vous fournira des dépliants avec horaires, conditions et tarifs. Ces derniers sont fonction de la taille du véhicule; les prix cités s'entendent parfois passagers inclus – renseignez-vous. Réservez votre place la veille, du moins sur les lignes intérieures (surtout en été) – comme le font les Danois. Arrivez à l'embarquement 30min à l'avance, sinon votre réservation sera annulée.

Taxi. Il portent l'enseigne *Taxi* ou *Taxa* et sont nombreux – mais rarement libres quand il pleut. Le service est compris, mais arrondissez la somme – si le service vous a satisfait. Tous les taxis peuvent être appelés par téléphone au 31 35 35 35, au 31 35 14 20, ou au 31 39 35 35 (minibus). La plupart des chauffeurs parlent anglais.

Copenhague et sa banlieue couvrent une surface immense, et une course en taxi peut vous coûter cher. Vérifiez préalablement si un transport public ne peut vous conduire à destination.

Trains (*tog*). Un service complet et ponctuel de 1200 trains traverse la gare centrale de Copenhague chaque jour.

Les trains régionaux (*Kystbanerne*) desservent toute la Seeland.

Les trains interurbains (*Intercity*) composent les grandes lignes des chemins de fer danois (*DSB-Danske Statsbaner*). Par exemple, il y en a un toutes les heures vers le Jütland. Le train tout entier est embarqué sur un ferry vers la Fionie (il faut réserver sa place – téléphonez à la gare centrale au 33 14 17 01).

Des trains express spéciaux (*Lyntog*) desservent le Jütland; vous y trouverez un bar et le téléphone (réservation obligatoire).

Les trains internationaux (tels le *Vikingen* ou l'*Øresundspilen* pour Stockholm) relient Copenhague à toute l'Europe. Il y a des wagons-lits et des couchettes pour les voyages de nuit.

U

URGENCES
(Voir aussi POLICE, p.133 et SANTÉ ET SOINS MÉDICAUX, pp.135-6)
Quelle que soit l'urgence, appelez le **112** (gratuit depuis une cabine téléphonique). Demandez, selon le cas, la police, les pompiers ou l'ambulance. Parlez distinctement (on vous comprendra en anglais) et indiquez où vous vous trouvez.

Le service des urgences (*skadestue*) conduit les personnes accidentées au Kommunehospitalet, Øster Farimagsgade 5, ou bien au

Rigshospitalet, Blegdamsvej 9 et Tagensvej 20. Pour les urgences médicales, appelez le 32 84 00 41 (ou 44 53 44 00 de l'extérieur de la ville) entre 16h et 8h du matin tous les jours et 24h/24 les week-ends.

Soins dentaires. Tandlægevagten, Oslo Plads 14, est ouvert tous les jours de l'année de 20h à 21h30, les samedi, dimanche et jours fériés de 10h à midi; tél. 31 38 02 51. Règlement au comptant.

VISITEURS HANDICAPÉS

Au Danemark, de nombreuses institutions, ainsi que les pouvoirs publics, accordent un soin particulier aux besoins des handicapés. Vous pouvez obtenir un guide de voyage spécialement rédigé à l'intention des voyageurs handicapés auprès de l'office du tourisme du Danemark (voir p.132). Cet ouvrage fournit une liste complète des secteurs accessibles et des aménagements pour fauteuils roulants, notamment dans les transports publics, les musées et les logements.

VOLS et DÉLITS (Voir aussi POLICE, p.133)

Si Copenhague figure encore parmi les capitales relativement sûres du monde, les choses ne sont plus ce qu'elles étaient. Les voleurs à la tire sévissent ici et la délinquance est de plus en plus fréquente. Prenez donc vos précautions. Ayez toujours un œil sur vos affaires et évitez de vous promener seul dans les endroits peu sûrs. Avant vos sorties nocturnes, renseignez-vous auprès du réceptionniste de votre hôtel. Évitez le quartier de Christiana de nuit comme de jour.

VOYAGEURS HOMOSEXUELS

Les Scandinaves sont très libéraux envers les homosexuels et les lesbiennes, et la loi reflète cette attitude: l'âge nubile est le même que pour les hétérosexuels. À Copenhague, un grand nombre de bars et de clubs ainsi que quelques hôtels accueillent la clientèle homosexuelle. Pour obtenir plus de renseignements, contactez l'Organisation nationale pour les gays et les lesbiennes: Landsforeningen for bøsser og lesbiske, Knabrostræde 3; tél. 33 13 19 48.

Index

Lorsqu'un mot ou un nom est cité à plusieurs reprises, la référence principale est indiquée en caractères **gras**. Les références en *italique* renvoient à une illustration.

Absalon, évêque **9-10**, 23, 26, 88
Académie royale des beaux-arts 31
achats **91-95**, 114, 127
aéroport **114**
Alexander Newsky Kirke 38
Amager, île d' 48-9
Amagermuseet (musée) 48
Amaliehaven, jardins d' 35
Amalienborg, palais 21, *34*, **34-5**
 musée 34, **53**
ambassades 115
ameublement 92
Andersen, Hans Christian **16**, *22*, 33, 52, 126
argent **115-17**, 124
argenterie 93
auberges de jeunesse 117
aviron 98

Bakken 102
banque **115**, 127
bicyclette **95**, 130
Bispebjerg 49
Bispetorvet 40
Bispegården (résidence épiscopale) 40
blanchisserie 128
boisson 92, 106, **110-12**, 122
Botanisk Have (jardin botanique) 45, **95**
Bredgade **38-9**, 92
budget 130-31

cafés 95-6, **104**
camping 118
carte Copenhague 51, **116**
carte de crédit 115
Charles le Simple 9
Charlottenborg 31
chèques de voyage 115
Christian Ier 10, **86**
Christian II 48
Christian III 13
Christian IV, le «Grand Bâtisseur» **13**, 28, 37, 43, 45, 58, 85, 88
Christian V **32**, 47
Christian VII 21
Christian VIII 51
Christian IX 52
Christian X 18
Christians Kirke 48
Christiansborg Slot (palais) 21, **26-7**, 34, **51-2**
Christianshavn 13, **45-8**
Churchill, parc 36
climat 118-19
conduire 120-2
consulat 115
Copenhague
 origine 9-10
 peste et incendies 14
«Cour danoise» **10**, 14
courses de chevaux 100

décalage horaire 124
Den Hirschsprungske Samling 53

140

Davids Samling (collection David) 44, 54
de Thurah, Lauridz **46**, 63
Det kongelige Teater (Théâtre danois) 30, 96
Domkirken (cathédrale) 40
douane 124
Dragør 49, *49*
Dyrehaven (Parc royal aux cerfs) 102

Eigtved, Nicolaï **34**, 38-9, 48
électricité 125
enfants 102
équitation 99
Erik V 10
Erik VII de Poméranie 10
Eriksen, Edvard 21, **37**
excursions 102-3, **125-6**

ferry 114, **137**
festivals 97
Fiolstræde 91
Fiskerkone, statue de la (la Poissonnière) 26
Folketing 52
fontaine Caritas 30
fontaine de Gefion *35*, 36
fontaine du Taureau et du Dragon 22
football 99-100
formalités d'entrée 119-20
Fredensborg Slot (château) 84-5
Frédéric II 82
Frédéric III 14
Frédéric V 35, 39, **85**, 88
Frédéric VII **16**, 26
Frédéric IX 88
Frederiksborg Slot (château) *12*, 85-7, *86*

Frederiksdal, château de 64
Frihedsmuseet (musée de la Résistance danoise) 35-6, **54**
Frilandsmuseet (Musée folklorique en plein air) 61-62

Gammel Dok (Centre danois d'architecture) 47
Gammel Strand 25-6
Gammeltorv 29-30
gare 90
golf 100
Grabrødretorv 41
Grundtvig, N. F. S. 17, 39, 47, **50**
Grundtvigs Kirke 49-50
guides 125-6

habillement 93, **119**
Hamlet 12, 82
Handels- og Søfartsmuseet (musée du Commerce et de la Marine) 84
Hans Christian Andersen **16**, *22*, 33, 52, 126
Harald à la Dent Bleue **9**, 88
Helligandskirke (église du Saint-Esprit) 29
Helsingør 12, **81-4**, *84*
Henri, prince 5, **28**
Hillerød 85-7
Holger Danske 8, 84
horaires 91, **127**
hôtels **66-73**, 127-8
«hôtels de mission» 128
Huset 25

Jacobsen, Carl 53, **58**, 86
jazz 97
Jørgensen, Thorvald 26
journaux 131

jours fériés 128

Kanneworffs Hus 31
Kastellet (citadelle) 37
Kierkegaard Samling 55
Kierkegaard, Søren 16, **38**
Knieper, Hans 82
Knud le Grand 9
Kobmagergade **43-4**, 91
Kongens Have, parc 45
Kongens Nytorv **30**, 108
Kronborg, château 64, **81-4**, *83*
Kunstindustrimuseet (musée des Arts décoratifs) 38, **54**
Københavns Bymuseum (Musée de la ville) 55

Langelinie 37
langue 112, **129-30**
Legetøjsmuseet (musée du jouet) 56
Legoland **103**, 126
Lejre 90
location de voitures 131
loisirs 95-98
Louis Tussauds Voksmuseum (musée de cire) 56
Luther **12-13**, 39
Lyngby 63-4

Marguerite Ire **10**, 52, 88
Marguerite II **5**, 28, 51
Marienborg 64
Marmorkirken (église de Marbre) 39
monument de la Liberté 14, **22**
musée d'art moderne Louisiana 81, *81*
musée Thorvaldsens 26, 53, **60**
musées **51-60**, 102, 132

Musikhistorik Museum (musée de l'Histoire de la musique) 44
musique 96-98

Napoléon 14-15
natation 100
Nationalmuseet (Musée national) 25, 53, **56-8**, *57*
Nelson 14-15
nettoyage à sec 118
nourriture 74-80, **104-12**, *107*
Ny Carlsberg Glyptotek 53, *55*, **58**
Nyboder **13**, 37, *39*
Nyhavn 32-3, *33*
Nytorv 29-30

objets trouvés 132
offices du tourisme 132
Oldtidsbyen (ancienne ville) 90
ordre de l'Éléphant **46-7**, 59, 87
Overgaden oven Vandet 46

patinage 100
pêche 100-101
Petite Sirène, la (*Den Lille Havfrue*) 21, *36*, **36-7**
pharmacies 135
photographie 133
Pistolstræde 29
plage 84, **95**, 101
police 133
pont de marbre 27, *27*
population 5
porcelaine **94**, 126
postes **133-4**, 127
pourboires 135
préhistoire **8**, 56, 90

Rådhuspladsen 20-4
Rådhuset (hôtel de ville) 23-4
radio 131
religion **9**, 135
restaurants **74-80**, 104
Rollon 9
Rosenborg Slot (château) 21, 45, **58-9**, *59*
Roskilde 87-90
   Domkirken (cathédrale) 88, *90*
   musée des Bateaux vikings 8, 88-9
Rundetårn (Tour ronde) 21, **43-4**, *44*

Saint-Alban, église 36
santé 135-36
saut à l'élastique 99
savoir-vivre 106, **136**
Schrøder le Jeune, Abel 28
Skt Annæ Plads 34
Skt Ansgart Kirke 38
Skt Nikolaj Kirke (église Saint-Nicolas) 26, **29**
Slotsholmen 9-10
Sophienholm, résidence 64
Sorgenfri Slot 63
souvenirs 96
Søren Kierkegaard Samling 55
sports 98-101
sports nautiques 101
Statens Museum for Kunst (galerie nationale) 45, **60**
statue des Joueurs de Lur 22, *25*
Store Kongensgade 92
Store Magleby 48
Strandgade 47-8
Strøget 20, **29-30**, 91
Studiestræde 40-1
Sund **9**, 12, 13, 82, 126

Teatermuseet (musée du Théâtre) 52
téléphone 134
télévision 131
tennis 101
Thorvaldsen, Bertel 16, 26, 41, 53, **60**
Thotts Palæ (palais Thott) 31
Tivoli 21, *40*, **42**, *43*, 102, *105*
Tordenskjold, amiral Peter Wessel 47
traité de Maastricht 19
transports (à Copenhague) 136-8
transports (pour Copenhague) 119-20
Trelleborg 9
Trinitatis Kirke (église de la Trinité) 43

urgences 138-9

Valdemar Ier le Grand 9
Valdemar IV Atterdag 10
Vandkunsten 25
vie nocturne 96-98
Vikingeskibshallen (musée des Bateaux vikings) 9, **88-9**
Vikings **8**, 89, *89*, 126
vins 111
visiteurs handicapés 120
voile 101
vol 139
Vor Frelsers Kirke (église du Sauveur) 46-7, *47*
Vor Frue Kirke (église Notre-Dame) 40
voyageurs homosexuels 125

Yding Skovhøj 5

143

Le monde en poche avec Berlitz!

Afrique
Algérie
Kenya
Maroc
Tunisie

Allemagne/Autriche
Berlin
Munich
Vallée du Rhin
Vienne

Amérique Latine
Mexico City
Rio de Janeiro

Antilles
Antilles françaises
Bahamas
Caraïbes du Sud-Est
Jamaïque

Australie

Belgique/Pays-Bas
Amsterdam
Bruxelles

Chypre

Espagne
Barcelone
Costa Blanca
Costa Brava
Costa del Sol
 et Andalousie
Costa Dorada
 et Barcelone
Costa Dorada
 et Tarragone
Ibiza et Formentera
Iles Canaries
Madrid
Majorque et Minorque
Séville

Etats-Unis/Canada
Boston
Californie
Disneyland et les parcs
 d'attractions de la
 Californie du Sud
Floride
Los Angeles
Miami
New York
Nouvelle-Orléans
San Francisco
USA
Walt Disney World
 et Orlando
Canada
Montréal

Extrême-Orient
Chine
Hong Kong
Inde
Indonésie
Japon
Malaisie
Singapour
Sri Lanka et les
 îles Maldives
Thaïlande

France
Châteaux de la Loire
Côte d'Azur
Euro Disney Resort
Paris
Périgord
Provence

Grande-Bretagne
Ecosse
Iles Anglo-Normandes
Londres
Oxford et Stratford

Grèce
Athènes
Corfou
Crète
Iles grecques de la
 mer Egée
Rhodes
Salonique et la Grèce
 du Nord

Hongrie
Budapest
Hongrie

Irlande
Dublin
Irlande

Italie/Malte
Florence
Italie
Malte
Milan et la région des lacs
Naples, Capri et la
 côte d'Amalfi
Riviéra italienne
Rome
Sicile
Venise

Portugal
Algarve
Lisbonne
Madère

Proche-Orient
Egypte
Jérusalem
 et la Terre sainte

République tchèque
Prague

Russie
Moscou et
 Saint-Pétersbourg

Scandinavie
Copenhague
Helsinki et la Finlande
 méridionale
Oslo, Bergen et
 les fjords
Stockholm

Suisse

Turquie
Istanbul/Côte égéenne
Turquie

EN PRÉPARATION
Afrique du Sud
Bali et Lombok
Bruges et Gand
Cuba
Espagne
Israël
Portugal